四部要籍選刊·史部
蔣鵬翔 主編

清金陵書局本

後漢書

一

〔南朝宋〕范曄 撰
〔唐〕李賢等注

浙江大學出版社

據上海圖書館藏清同治金陵書局刻本影印原書框高二〇八毫米寬一五三毫米

出版説明

《後漢書》一百卷，南朝宋范曄撰，唐李賢注，《續漢書志》三十卷，晉司馬彪撰，梁劉昭注，據上海圖書館藏清同治八年（一八六九）金陵書局刻本影印。

范曄，字蔚宗，南朝宋順陽郡（今河南淅川縣）人。其祖范甯著《春秋穀梁傳集解》，父范泰著《古今善言》，皆有名於世。范曄生於晉安帝隆安二年（三九八），出繼從伯范弘之，襲封武興縣五等侯，後歷任尚書吏部郎、宣城太守、左衛將軍、太子詹事等官，於元嘉二十二年（四四六）因謀反被處死，終年四十八歲。事跡見《宋書》卷六十九本傳、《南史》卷三十三附其父范泰傳後。

范曄出身世族，博涉經史，善爲文章，著有文集十五卷録一卷（見《隋書·經籍志》卷四）、《上香方》一卷、《雜香膏方》一卷（見《隋書·經籍志》卷三，《宋書》本傳稱其撰《和香方》），《舊唐書·經籍志》《新唐書·藝文志》還著録其《百官階次》一卷，但均已亡佚，流傳至今的只有這部自詡爲『天下奇作』的《後漢書》。

與兩漢時期相比，魏晉南北朝的史學地位明顯提高，史書修撰也更繁榮。這種變化體現在官修目録上，即史部躍居爲僅次於經部的第二大類，不再是《漢書·藝文志》『六藝略』春秋類的附庸，收書也從《漢志》的不到十種激增至《隋志》的八百七十四部一萬六千五百五十八卷（通記亡書），其中首要的正史類收書八十部，大部分都是魏晉南北朝時所作，而記後漢者與記晉史者同爲十一種，數量遠逾其他朝代的正史。

范曄編撰《後漢書》，始於宋元嘉九年（四三二）。《宋書》本傳云：『元嘉九年冬，彭城太妃薨，將葬，祖夕，僚故並集東府。曄弟廣淵，時爲司徒祭酒，其日在直。曄與司徒左西屬王深宿廣淵許，夜中酣飲，開北牖聽挽歌爲樂。義康大怒，左遷曄宣城太守。不得志，乃删衆家後漢書爲一家之作。』（《宋書》各本皆作『元嘉元年』，與同書《文帝紀》《彭城王義康傳》所言『九年』抵牾，亦不合史實，故中華書局點校本已改作『九年』。）時距東漢滅亡已歷二百餘年，前此成書而著録於《隋志》的正史也達八種之多，這種局面對於志『造《後漢》』的范曄來説，可謂利弊兼有。不能親身聞見，採訪耆舊，只得依靠前人著述，是其遺憾；去漢遠而恩怨盡，情誼、權勢都不復掣肘，可秉筆直書，則是優勢。已成書的正史中，作爲首部官修史書的《東觀漢記》長期與《史記》《漢書》並稱『三史』，司馬彪《續漢書》和華嶠《後漢書》被劉勰、劉知幾奉爲冠冕，清人對謝承《後漢書》推崇備至，薛瑩、謝沈、張瑩、袁山松等人所撰也各有所長，珠玉在前，改撰自然不易，然而舊史俱在，又爲後來者提供了豐富的材料和經驗，如范《書》沿用華嶠的《皇后紀》和謝承的《東夷列傳》，其敘事多本《東觀漢記》而序論間采華嶠成文，這些關係前人早已揭出，但范《書》能夠擷取衆家之長，後來居上，遂成爲後漢正史的代表，其他同類著作都逐漸散佚。至唐劉知幾撰《史通》，已稱『世言漢中興史者，唯范、袁二家而已』（袁指袁宏《後漢紀》，係編年體，與正史之紀傳不同，《隋志》入『古史』類）。

雖然本傳稱范曄『删衆家後漢書爲一家之作』，實則在其眼中，作者雖衆，皆不足道，『既造《後漢》，轉得統緒，詳觀古今著述及評論，殆少可意者』，唯取《漢書》多方權衡，較彼優劣，可見其欲抗行者，班固一人而已。范曄的修史宗旨具見於《獄中與諸甥姪書》中。

首先是重視體例，以分類聚合的方式處理材料。他批評班固『任情無例，不可甲乙辨』，自評『博贍不可及之，整理未必愧也』，便是此意。具體來説，《後漢書》新增黨錮、宦者、文苑、獨行、方術、逸民、列女七種類傳，對生平相類且不入類傳者又以合傳述之，如蘇竟、楊厚、郎顗、襄楷合傳，皆明於天文術數者，張純、曹褒、鄭玄合傳，皆通於儒家禮義者，至於不必專門立傳者也多取其共同點類敘於一人之下，如《來歷傳》羅列袐諷、劉瑋、薛皓、丘弘、陳光、趙代、施延、朱倀、第五頡、曹成、李尤、張敬、龔調、孔顯、徐崇、樂闡、鄭安世等十七人俱證太子無過，《卓茂傳》附載孔休、蔡勳、劉宣、龔勝、鮑宣五人，『不仕王莽時，並名重當時』，最終達到述人衆而條理明的目的（詳見王錦貴《范曄與〈後漢書〉》第二章）。『轉得統緒』之言，並非過分的誇讚。

其次是序論贊的改良與發明。范曄遇害時《後漢書》尚未完稿，來不及撰成類似《太史公自序》《漢書敘傳》的全書總序，但《皇后紀》及部分類傳已有單獨的序文。他對此頗爲看重，『至於循吏以下及六夷諸序論，筆勢縱放，實天下之奇作。其中合者，往往不減《過秦》篇。嘗共比方班氏所作，非但不愧之而已。』《後漢書》各篇末所附之『論』，大致相當於《史記》的『太史公曰』和《漢書》的『贊』，皆以凝練的散文闡述針對該篇正文的觀點，范曄於此亦頗自矜，稱『吾雜傳論，皆有精意深旨，既有裁味，故約其詞句』。至於《後漢書》『論』後之『贊』，以四字韻語申發主旨，則是作者的發明，更强調『贊自是吾文之傑思，殆無一字空設，奇變不窮，同合異體，乃自不知所以稱之。此書行，故應有賞音者』。范曄生當劉宋，搜集後漢史料難以企及前人，不得不在材料的整理分析方面多下功夫，其序論贊兼具深刻的史識和卓異的文采，也確實成爲范《書》最突出的特點。

范曄修史，對《志》頗加重視，他認爲《漢書》『唯志可推耳』，又『欲遍作諸志，前漢所有者悉令備。雖事不必多，且使見文得盡』，可惜其《書》傳本僅有本紀、列傳而無志，致使衆説紛紜。《後漢書·皇后紀》李賢注云：『沈約《謝儼傳》曰：「范曄所撰十志，一皆託儼。搜撰垂畢，遇曄敗，悉蠟以覆車。宋文帝令丹陽尹徐湛之就儼尋求，已不復得，一代以爲恨。其志今闕。」』洪邁《容齋四筆》卷一引此文改爲『沈約作《宋書·謝儼傳》曰：……今《宋書》却無，殊不可曉』，今人又據此推論李賢此注爲錯引，范曄託人撰《志》也與情理未合。然而李賢原注只稱《謝儼傳》，並未言及《宋書》，《隋志》史部『雜傳』類著録傳記二百十九部，多以個人爲主，則沈約撰單篇《謝儼傳》而不見於《宋書》，有何奇怪，焉能據此批評注者張冠李戴。《後漢書·班彪列傳》李賢注云：『沈約《宋書》曰：「初，謝儼作此贊，云裁成典墳，以示范曄，曄改爲帝墳。」』稱《宋書》而不稱《謝儼傳》，也從側面證明《謝儼傳》不出於《宋書》。再者《謝儼傳》明云『范曄所撰十志，一皆託儼』，可見『搜撰』的主語是范曄，而非謝儼，後者的任務只是代爲保管，專門託人保管搜撰的材料反而證明范曄對《志》格外重視，這也與其《獄中與諸甥姪書》所言吻合，故李賢此注確爲范曄撰《志》的可靠文獻，毋庸置疑，後人考辨，徒自擾耳。

梁劉昭《後漢書注補志序》云：『范曄《後漢》，良誠跨衆氏，序或未周，志遂全闕。』可見范《志》梁時已亡。劉知幾《史通·古今正史》云：范曄『作《後漢書》，凡十紀、十志、八十列傳，合爲百篇。會曄以罪被收，其十志亦未成而死』，十志中《百官》《五行》《天文》《禮樂》《輿服》五篇之名見於《後漢書》本文，劉昭《序》又稱『《律曆》《郡國》必依往式』，另外三篇，劉漢忠《說范曄〈後漢書〉之『志』》推測爲《刑法》《食貨》《郊祀》，于溯《范曄〈後漢志〉篇目考》推測爲《刑法》《食貨》《藝文》，皆無實據，姑存其說，以備參考。局本《後漢書》中，本紀十篇、列傳八十篇爲范曄撰，唐章懷太子李賢注；志八篇，晉司馬彪撰，梁劉昭注。因志係從司馬彪《續漢書》中摘出，故目録仍題《續漢書志》，不與《後漢書》相混。

司馬彪字紹統，晉高陽王睦之長子。初拜騎都尉。泰始中，爲祕書郎，轉丞。注《莊子》，作《九州春秋》，又撰紀、志、傳凡八十篇，號曰《續漢書》。後拜散騎侍郎。惠帝末年卒，時年六十餘。《晉書》卷八十二有傳。

劉昭字宣卿，平原高唐人。七歲通《老》《莊》義。既長，勤學善屬文。梁天監初，起家奉朝請，累遷征北行參軍，尚書倉部郎，尋除無錫令。歷爲宣惠豫章王、中軍臨川王記室。集後漢同異以注范曄《書》，世稱博悉。遷通直郎，出爲剡令，卒官。作《集注後漢》一百八十卷、《幼童傳》十卷、文集十卷。《梁書》卷四十九有傳。

李賢字明允，唐高宗第六子。永徽六年（六五五）封潞王。上元二年（六七五）六月立爲皇太子。儀鳳元年（六七六）得高宗手敕褒獎。賢招集當時學者張大安、劉訥言、格希元、許叔牙、成玄一、史藏諸、周寶寧等，注范曄《後漢書》，表上之，以其書付祕閣。因遭武則天猜忌，於永隆元年（六八〇）被廢爲庶人，永淳二年（六八三），遷於巴州。光宅元年（六八四），武后臨朝，遣丘神勣往巴州逼其自殺。景雲元年（七一〇），睿宗即位，追謚爲章懷太子。《舊唐書》卷八十六、《新唐書》卷八十一有傳。

關於范《書》與司馬《志》之分合，前人討論已多，余嘉錫先生在《四庫提要辨證》『後漢書』條中提出的觀點較爲合理。約而言之，劉昭所作《集注後漢》一百八十卷已將司馬彪八《志》併入范《書》，《隋志》著録范曄《後漢書》九十七卷，劉昭注范曄本《後漢書》一百二十五卷，多出的卷帙即併入之司馬《志》。李賢注既行，包括劉昭注在内的諸家之説盡廢，但李賢僅注范《書》紀傳，讀者遂兼習劉昭所注《續志》以補其闕。《舊唐書·經籍志》《新唐書·藝文志》均著録劉昭補注《後漢書》五十八卷，題增『補』字，卷少六七，蓋即單行之劉昭注司馬《志》。《通典》引唐趙匡《舉人條例》云『《後漢書》并劉昭所注《志》爲一史』，是爲唐代劉昭注司馬《志》單行之證。《宋史·藝文志》著録范曄《後漢書》九十卷、劉昭《補注後漢志》三十卷，則卷數已與今本無異矣。因知唐以前有范《書》司馬《志》合鈔本，有此合鈔本之劉昭注本，又有范《書》單行本。唐代有李賢注范《書》本，有自劉注合鈔本中摘出之《志》單行本，又有將兩本合鈔之所謂『一史』者。至宋代乃有合刻范《書》司馬《志》並共題『後漢書』者。

宋程俱《麟臺故事》卷二云：『淳化五年（九九四）七月，詔選官分校《史記》《前》《後漢書》。……命太常博士直昭文館陳充、國子博士史館檢討阮思道、著作佐郎直昭文館尹少連、著作佐郎直史館趙況、著作佐郎直集賢院趙安仁、將作監丞直史館孫何校《前》《後漢書》。既畢，遣内侍裴愈賫本就杭州鏤版』，是爲《後漢書》雕版之始。真宗咸平年間有重校之役。《麟臺故事》卷二記云：『真宗謂宰相曰：「太宗崇尚文史，而三史版本，如聞當時校勘官未能精詳，尚有謬誤，當再加刊正。」……命駕部員外郎直祕閣刁衎、右司諫直史館晁迥與丁遜覆校《前》《後漢書》版本，迥知制誥，又以祕書丞直史館陳彭年同其事。至（景德）二年（一〇〇五）七月，衎等上言：「《漢書》歷代名賢競爲注釋，是非互出，得失相參，至有章句不同，名氏交錯，苟無依據，皆屬闕疑。其餘則博訪羣書，徧觀諸本，儻非明白，安敢措辭？雖謝該通，粗無臆説。凡修改三百四十九，簽正三千餘字，録爲六卷以進。」』此次所成校記蓋詳於《漢書》而略於《後漢》。中國國家圖書館藏宋本《漢書》卷端附孫奭奏語云：『竊見劉昭注補《後漢志》三十卷，蓋范曄作之于前，劉昭述之于後。始因亡逸，終遂補全。……其《後漢志》三十卷，欲望聖慈許令校勘雕印』，署乾興元年（一〇二二）十一月十四日，可見《後漢書》的淳化初刻、咸平重校本都不包括司馬《志》，乾興時纔提議雕印該《志》，天聖二年（一〇二四）付梓（見《宋會要輯稿·崇儒四》）。有學者認爲：『及宋真宗乾興元年，判國子監孫奭奏請朝廷合刻補缺，方把《續志》附於范《書》紀、傳之後，出現了合刻本』，但牒文只説雕印《續志》，與已刻的范《書》相配，恐不足以證明乾興、天聖時已合刻《書》《志》。

中國國家圖書館藏宋本《後漢書》卷末刻景祐元年（一〇三四）九月秘書丞余靖上言云：『國子監所印《兩漢書》文字舛譌，恐誤後學。臣謹參括衆本，旁據它書，列而辨之，望行刊正』，即所謂『景祐本』，其前又有題記云『范曄後漢書凡九十篇總一百卷／十帝后紀一十二卷／八十列傳八十八卷／右奉淳化五年七月二十五日／勑重校定刊正』，可見自淳化至景德至景祐之監刻本『一脈相承，屬同一系統』，尾崎康《正史宋元版之研究》第二章於此論證詳明，可以參看。尾崎氏又指出，此『景祐本』《後漢書》中多數刻工名見於北宋末南宋初開雕之福州開元寺《毗盧大藏》，則是當時據景祐監本翻刻者，並非原刻，但淳化、景祐諸本悉已失傳，此翻刻景祐本仍是現存合刻范《書》司馬《志》的最早刊本。不過尾崎氏見《玉海》《麟臺故事》述景祐二年（一〇三五）刻書事，皆只稱『刊定《前漢書》』而不及《後漢》，遂懷疑『景祐似無重刊《後漢書》之舉，遑論合刻范《書》、彪《志》，今不知合刻范《書》、彪《志》始於何時』，恐過於謹慎。景祐原刻雖已失傳，但此翻刻本卷末所附余靖上言與宋刻《漢書》同，『二年九月校畢』亦同，記校改字數則《漢書》『增七百四十一字，損二百一十二字，改正一千三百三字』，《後漢書》『增五百一十二字，損一百四十三字，改正四百一十一字』，歷歷可考，故當時同時重刻《兩漢書》，自無可疑。

南宋以降，除上述翻刻景祐本外，另有官刻如福唐郡庠刊本（十行）、兩淮江東轉運司刊三史本（九行）、坊刻如建安王叔邊刊本（十三行）、建刊十三行本、建刊十四行本、宋慶元黃善夫劉元起刊本（十行）、宋嘉定元年蔡琪一經堂刊本（八行）。至元代又有據一經堂本覆刻之白鷺洲書院刊本（八行）、大德九年寧國路儒學翻刻宋景祐監本（十行）。大德本版片存世較久，遂經歷元末明初、成化、弘治、嘉靖至少四次以上的遞修。尾崎康《正史宋元版之研究·解題編》於上述諸本考辨極細，茲不贅述。明刻本中，南監、北監擅削舊注，姑置勿論，正統刊本（十行）聲名最盛，黃丕烈跋《元大德本後漢書》云：『惟正統本最稱善，以所從出爲淳化本也。大德本亦自淳化本出。此又有景祐間余祕書丞者，乃翻淳化本耳。景祐至大德，大德至弘治，遞爲修補，故板刻字樣各有不同，非如正統十年一例專刻也』，傅增湘《藏園群書經眼録》稱之爲『淳化本嫡子』。覆刻元大德本的明嘉靖廣東刻本口碑亦佳，傅增湘跋《元大德本後漢書》云：『明代嘉靖時歐陽鐸在廣東刻范《書》，即依此本（大德本）覆刻，行款正復相同，錢竹汀常許爲佳刻。學者若難致元刊，則得此亦足爲勘正之資，蓋此本乃景祐再傳之嫡嗣也。』至於嘉靖汪文盛本則毁譽不一，或稱其『出於湖北茶鹽司本，其根源爲古舊，譌謬亦較少』（傅增湘語），『此猶上祖景祐，下承大德，謬譌尚少』（丁丙語），或斥其『仍譌襲舛，如《前書·地理》亦憚於互勘，書無善本，豈非苟簡之過哉』（何焯語），然多經名家校跋，亦被視爲明本之代表，『目録家舉明刻《兩漢書》佳本，必曰汪文盛』（鄧邦述《寒瘦山房鬻存善本書目》語）。

明崇禎元年（一六二八），汲古閣主人毛晉發願雕印《十七史》，後逢明清鼎革之亂世，遷延至清順治十三年（一六五六）始告成，『多據宋元舊板，勝其十三經注疏之僅傳監板者多矣』，這是横向對比汲古閣所刻經書的結論，如縱向對比各史舊本，則仍未愜人意。以其所收《後漢書》爲例，錢大昕、陳鱣取與元明諸刻校勘，常見疏誤，故陳鱣以黄丕烈所言爲然：『汲古閣刻書富矣，每見所藏，底本極精，曾不一校，反多臆改，殊爲恨事』，但這並不妨礙汲古閣本成爲明清兩代影響最大的正史版本，前之南北監，後之武英殿，皆不足方駕。究其原因，一是汲古閣是晚明善本淵藪，『江南藏書之風琊自虞山，絳雲樓、汲古閣爲最』，又在版刻『縮衣節食，遑遑然以刊書爲急務。今板逾十萬，亦云多矣，竊恐祕册之流傳尚十不及一也』，其所刻十七史自然更易被人接受。其次，正史刻本多有錯訛是長期存在的問題，宋元舊板也不例外，如何焯跋汲古閣本所言，『《後漢書》所據之本遠不逮班《書》，……初讀此書，嫌其繆訛爲多，及觀劉氏《刊誤》諸條，乃知在北宋即罕善本，緣前人重之不如班《書》故也。嘉靖中南京國子監刊者注經删削，此猶完書，故是一長』。受限於自身學養，毛晉無力悉加校正，但大部分的錯訛淵源有自，不應歸咎於他的『臆改』。至少與同時代的其他出版物相比，毛氏保存舊本的意識和成績都足垂青史。再者，其付梓前完成了各史舊本的匯集整理，戰亂後又致力於壞板脱文的重刻補輯，使得這部凝聚了三十年心血的正史叢書在内容完備、體例整齊、面目美觀等方面都達到了新的高度，對於絶大部分讀者來説，汲古閣本十七史就是最『簡便可喜』（王鳴盛語）的選擇。即使到了樸學興盛的乾嘉時期，以校讎爲能事的學者們仍不得不一邊批評汲古閣本的『脱誤甚多』，一邊通過與其對勘的結果來論證各種版本的優劣得失，這也意味著汲古閣本十七史已成爲事實上的通行標準版本，影響越大，其地位越穩固，這種先發優勢連後來得到官方背書的武英殿本都望塵莫及，也爲晚清的書局翻刻埋下了伏筆。

清同治四年（一八六五），李鴻章接管金陵書局，『有刻書之意，欲先從四書、五經、三史，次及《周》《儀禮》《爾雅》《孝經》《説文》《通鑑》諸書，蓋亦猶九帥（曾國荃）之意』。同治六年（一八六七）八月，張文虎《上曾沅浦宫保》云：『適合肥宫保復有校刊經史之舉，命仍留局。今春經書甫竣，而節相回任，接刊《史記》《班》《范》三書，移局城西冶城山。』當時派定人選，以周學濬爲提調，以《兩漢書》屬二劉，《前漢》歸劉毓崧，《後漢》歸劉恭冕。實際上張文虎也爲《後漢書》的校勘出力不少，其《日記》自同治五年（一八六六）十二月至六年正月記録校勘《後漢書》本紀列傳之事凡十四條。同治七年（一八六八）五月，曾國藩函復何紹基云：『此間自刻《船山遺書》後，别無表章前哲之刻。李帥飭局刻《諸經讀本》，國藩回任後繼刻三史，計冬間乃可斷手開刷。時當以初印本奉寄臺端。』同年八月廿六日，張文虎《日記》云『局刻《後漢書》已告成，《史記》已刻者百有兩卷矣』，則其實際完成時間還要稍早於曾氏之計劃。

當時書局重刻正史選擇汲古閣本爲底本的原因，筆者曾在《〈漢書〉影印説明》中試作分析，其理由亦基本適用於《後漢書》，故移録於左。

一、汲古閣本口碑佳而影響廣，是清代的主流讀本；二、汲古閣『字密行多，篇帙縮減』，據之翻刻能顯著地降低成本，節約時間，以滿足當時書局刻書應對『亂後書籍殘毁』的迫切需求；三、汲古閣本的字體版式較爲契合以曾國藩爲代表的晚清士人所追求的『方粗清匀』的主流審美觀，浙江官書局總辦俞樾在與時任兩江總督、協調各局合刻正史的馬新貽往來的信件中記録了相關細節。馬氏云：『此間校刊俱照汲古閣本，蘇、浙局中亦能仿照，則將來全史一律，庶成巨觀。』俞氏云：『尊意全史格式宜求一律，請將金陵新刻《前》《後漢書》樣本寄一二本來，俾各局知所法守，幸甚。』在得到印本後，又云：『略一展玩，其字體工整，格式大方，洵爲海内善本。即函告浙局諸同人，《新》《舊唐書》照此刊刻，使成一律，亦藝苑之巨觀也。』（見《俞樾函札輯證》）

需要强調的是，書局議刻三史之初，非欲翻刻汲古閣本，而是計劃匯集衆本，多方校勘，不僅要成一内容盡可能完善的『定本』，還要撰成校記附於書後，以響應清中期以來版本與考校並重的學風，但最終只有《史記》勉强實現了預設目標，《漢書》僅存一未執行的《校刻漢書凡例》，至《後漢書》則連《校刻凡例》也付之闕如。三史校刻的逐漸簡化，主要是因爲現實需求與客觀條件之間存在著巨大的矛盾。一方面，兵燹之後，民間亟需經史刻本滿足振興文教的需求，如同治八年（一八六九）五月，李鴻章《設局刊書折》奏云：『此次設局刊書，祇可先其所急。……現在浙江、江甯、蘇州、湖北四省公議令刻二十四史，照汲古閣十七史板式，行數字數較各家所刻者爲精密。擬即分認校刊，選派樸學員紳，悉心校勘，添募工匠，陸續付梓。一切經費酌提本省閒款動用，勿使稍有糜費。俟各書刻成之日，頒發各學書院，並準窮鄉寒儒、書肆賈人隨時刷印，以廣流傳，庶幾禮讓同敦，囂陵默化，以仰副聖主一道同文之至意』。另一方面，全面校定正史異文，即使在文獻資源空前豐富的今天，依然是一個尚未完成的長期目標，則同治年間踐行此事的難度可想而知。事久不成，靡費物力，又會招致更大的非議，如張文虎致曾國藩函云：『今刊刻全書，只宜取舊本之稍善者依樣葫蘆，爲力較易。緩雲侍御之議，則以刊書機會實爲難得，當略治蕪穢，以裨讀者。文虎等稟承此意，不揣弇陋，妄冀會合諸家，參補未備，求勝舊本。乃三年荏苒，刻鵠未成，人言實多，無以自解，伏讀鈞論「但求校讎之精審，不問成書之遲速」，仰見體恤愚蒙，特加慰勉。』儘管在曾國藩的支持下，《史記》得以按計劃成書，但包括《兩漢書》在内的後續諸史仍被迫改弦更張，走上所謂『取舊本之稍善者依樣葫蘆，爲力較易』的道路，在這種背景下，翻刻汲古閣本已經算是最好的選擇。

取此次影印的金陵局本與汲古閣本相較，前者主要在篇章安排和目録編纂上有所改進。最突出的是汲古閣本將八志横亘於本紀、列傳之間，以求符合歷代正史慣例，卻未考慮《後漢書》非出一手的特殊情況，局本則將八志移置列傳之後，使范《書》司馬《志》涇渭分明。又如卷端總目，汲古閣本僅稱『八志三十卷 劉昭補注』，局本則稱『司馬彪續漢書志八篇三十卷 梁剡令劉昭注補』，表述更爲準確。卷端總目汲古閣本題『十帝紀十二卷』，細目則題『帝紀一十卷』，『第一卷 光武皇帝上 光武皇帝下』，末爲皇后紀的『第十卷上 第十卷下』，顯然抵牾，局本改爲『帝后紀一十二卷』，光武皇帝『第一卷上』『第一卷下』，就前後一致了。另外，各卷卷末的篆文木記，汲古閣本刻『琴川毛鳳苞氏審定宋本』，局本則改爲『金陵書局仿汲古閣本刊』，也是明顯變化之一。

至於正文，兩本的行款版式、文字内容基本相同，僅在個别位置有所校改。如帝紀第四，汲古閣本『孝和皇帝諱肇』，局本改『肇』爲『肈』，但絕大部分文字（即使是前人已指出的汲古閣本錯誤）都無變化，如錢大昕、陳鱣多次提及的《郭太傳》自『初太始至南州』至『以是名聞天下』七十四字係李賢注僞入正文，汲古閣本、局本同誤。

總的來説，汲古閣本與較忠實翻刻該本的金陵局本，內容未必盡善，但體例整齊、流傳廣泛，在各自所處的時代都具有巨大的影響力，被衆多學者用作校勘異文的工作本。《中國古籍善本書目·史部》著録《後漢書》的版本中，汲古閣本凡二十部，金陵局本凡六部（汪文盛本亦六部），數量分列一、二名，批校者多有惠棟、沈欽韓、錢泰吉、陳倬、傅增湘這樣的名家，足以證明二者的歷史意義。今循舊例，取蔣抑巵舊藏初印精本影印刊行，對我們深入研究清代學術史及閱讀史當有裨益。底本原書目録或見未確處，故參考中華書局點校本，重編詳目冠於卷首。底本闕載范曄《獄中與諸甥姪書》、劉昭《後漢書注補志序》這兩篇重要文獻，亦據中華書局點校本移録於末，以便參考。

二〇二三年十月七日　蔣鵬翔撰於湖南大學嶽麓書院

全書目錄

第一册

卷十四

卷十五

卷十六

卷十七

卷十八

卷十九

第三册

卷二十

卷二十一

卷二十二

卷二十三

卷二十四

卷二十五

卷二十六

卷二十七

卷二十八上

卷二十八下

第四册

卷三十二

卷三十三

卷三十四

卷三十八

卷三十九

卷四十上

第五册

卷四十三

卷四十四

卷四十五

卷四十六

卷四十七

卷四十八

卷四十九

第六册

卷五十六

卷五十七

卷五十八

卷六十四

卷六十五

第七册

卷六十六

卷六十七

卷六十八

卷六十九

卷七十六

卷七十七

第八册

卷七十八

卷七十九上

卷七十九下

卷八十上

卷八十下

卷八十一

卷八十三

卷八十四

卷八十五

卷八十六

第九册

卷八十七

卷八十八

志第六

志第七

志第八

志第十五

志第十六

志第十七

志第二十一

志第二十二

志第二十三

志第二十六

志第二十七

志第二十八

志第二十九

志第三十

附

本册目録

後漢書

同治八年九月
金陵書局校刊

後漢書目録

帝后紀一十二卷

第二十九卷
劉平　趙孝
淳于恭　江革
劉般子愷　周磐
趙咨
第三十卷上
班彪子固
第三十卷下
班彪子固
第三十一卷
第五倫曾孫種　鍾離意
宋均族子意　寒朗

第三十二卷

光武十王

東海恭王彊　沛獻王輔
楚王英　濟南安王康
東平憲王蒼 子任城孝王尚　阜陵質王延
廣陵思王荆　臨淮懷公衡
中山簡王焉　琅邪孝王京

第三十三卷

朱暉 孫穆　樂恢
何敞

第三十四卷

鄧彪　張禹

劉梁　邊讓
酈炎　侯瑾
高彪　張超
禰衡

第七十一卷

獨行

譙玄　李業
劉茂　溫序
彭脩　索盧放
周嘉　范式
李善　王忳
張武　陸續

第七十二卷上

方術

第八十卷
烏桓　鮮卑

後漢書目錄

光武帝紀第一上　後漢書一上

唐章懷太子賢注

世祖光武皇帝諱秀字文叔禮祖有功而宗有德光武中興故廟稱世祖謚法能紹前業曰光克定禍亂曰武伏侯古今注曰秀之字曰茂伯仲叔季兄弟之次長兄伯升次仲故字文叔焉南陽蔡陽人南陽郡今鄧州縣也蔡陽縣故城在今隨州棗陽縣西南高祖九世之孫也出自景帝生長沙定王發長沙郡今潭州縣也發生舂陵節侯買舂陵鄉名本屬零陵冷道縣在今永州唐興縣北元帝時徙南陽仍號舂陵故城今在隨州棗陽縣東事具宗室四王傳買生鬱林太守外鬱林郡今郴州縣前書曰郡守秦官秩二千石景帝更名太守外生鉅鹿都尉回鉅鹿郡今邢州縣也前書曰都尉本郡尉秦官也掌佐守典武職秩比二千石景帝更名都尉回生南頓令欽南頓縣屬汝南郡故城在今陳州項城縣西前書曰令長皆秦官也萬戶已上爲令秩千石至六百石不滿萬戶爲長秩五百石至三百石欽生光武光武年九歲而孤養於叔父良身長七尺三寸美須眉大口隆準日角隆高也許負云鼻頭爲準鄭玄尚書中候注云日角謂庭中骨起狀如日性勤於稼穡種曰稼斂曰穡而兄伯升好俠養士常非笑光武事田業比之高祖兄仲仲部陽侯喜也能爲產業見前書王莽天鳳中王莽建國六年改爲天鳳迺之長安受尚書略通大義東觀記曰受尚書於中大夫廬江許子威資用乏與同舍生韓

子台錢買驢令從者僦目給諸公費莽末天下連歲災蝗寇盜鋒起言賊鋒鋭競起字或作蜂諭多也地皇三年天鳳六年、改爲地皇南陽荒饑韓詩外傳曰一穀不升曰歉二穀不升曰饑三穀不升曰饉四穀不升曰荒五穀不升曰大侵諸家賓客多爲小盜光武避吏新野新野屬南陽郡今鄧州縣續漢書曰伯升賓客劫人上避吏於新野鄧晨家因賣穀於宛東觀記曰時南陽旱饑而上田獨收宛縣屬南陽郡故城今鄧州南陽縣也宛人李通等目圖讖說光武云劉氏復起李氏爲輔圖河圖也讖符命之書讖驗也言爲王者受命之徵驗也易坤靈圖曰漢之臣李陽也光武初不敢當然獨念兄伯升素結輕客必舉大事且王莽敗亡已兆天下方亂遂與定謀於是迺市兵弩十月與李通從弟軼等起於宛時年二十八十一月有星孛於張前書音義曰孛星光芒短蓬然張南方宿也續漢志曰張爲周地星孛於張東南行卽翼軫之分翼軫楚地是楚地將有兵亂後一年正月光武起兵舂陵攻南陽斬阜賜等殺其士衆數萬人光武都雒陽居周地除穢布新之象光武遂將賓客還舂陵時伯升已會衆起兵初諸家子弟恐懼皆亡逃自匿曰伯升殺我及見光武絳衣大冠董巴輿服志曰大冠者謂武官冠之東觀記曰上時絳衣大冠將軍服也皆驚曰謹厚者亦復爲之迺稍自安伯升於是招新市平林兵新市縣屬江夏郡故城在今郢州富水縣東北平林地名在今隨州隨縣東北與其帥王鳳陳牧西擊長聚廣雅曰聚居也音慈諭反前書音義曰小於鄉曰聚光武初騎牛殺新野尉迺得馬前書曰尉秦官秩四百石至二百石也進屠唐子鄉例曰多所誅殺曰屠唐子鄉有唐子山在今唐州湖陽縣西南又殺湖陽尉湖陽屬南陽郡今唐州縣也東觀記曰劉終詐稱江夏吏誘殺之軍中分財物不均衆恚恨欲反攻諸劉光武斂宗人所得物悉以與之衆迺悅進拔棘陽縣名屬南陽郡在棘水之陽古謝國也故城在今唐州湖陽縣西北棘音己力反與王莽前隊大夫甄阜王莽置六隊郡置大夫一人職如太守南陽爲前隊河內爲後隊潁川爲左隊弘農爲右隊河東爲兆隊滎陽爲祈隊隊音遂屬正梁丘賜王莽每隊置屬正一人職如都尉戰於小長安續漢書曰淯陽縣有小長安聚故城在今鄧州南陽縣南漢軍大敗還保棘陽

更始元年正月甲子朔漢軍復與甄阜梁丘賜戰於沘水西大破之斬阜賜沘水在今唐州沘陽縣南盧江灊縣亦有沘水與此別也沘音比伯升又破王莽納言將軍嚴尤秩宗將軍陳茂於淯陽前書曰納言虞官也掌出納王命所謂喉舌之官也歷秦漢不置王莽改大司農爲之桓譚新論云莊尤字伯石此言嚴避明帝諱也秩宗虞官也掌郊廟之事周謂之宗伯秦漢不置王莽改太常爲秩宗後又典兵故納言秩宗皆有將軍號也淯陽縣屬南郡故城在今鄧州南陽縣南在淯水之陽淯音育進圍宛城二月辛巳立劉聖公爲天子以伯升爲大司徒光武爲太

常偏將軍前書曰奉常秦官景帝更名太常應劭漢官儀曰欲令國家盛大社稷常存故稱太常老子曰偏將軍處左上將軍處右東觀記曰時無印得定武侯家丞印佩之入朝三月光武別與諸將徇昆陽定陵郾皆下之徇畧也昆陽定陵郾皆縣名並屬潁川郡昆陽故城在今許州葉縣北郾今豫州郾城縣也定陵故城在今郾城西北郾音於建反多得牛馬財物穀數十萬斛轉以饋宛下莽聞阜賜死漢帝立大懼遣大司徒王尋大司空王邑王莽時哀章所獻金匱圖有王尋姓名王邑王商子於莽爲從父兄弟也將兵百萬其甲士四十二萬人五月到潁川復與嚴尤陳茂合潁川郡今洛州陽翟縣也初光武爲舂陵侯家訟逋租於尤尤見而奇之逋違也舂陵侯敞即光武季父也東觀記曰爲季父故舂陵侯詣大司馬府訟地皇元年十二月壬寅前租二萬六千斛芻藁錢若干萬時宛人朱福亦爲舅訟租於尤尤止車獨與上語不視福上歸戲福曰嚴公寧視卿邪及是時城中出降尤者言光武不取財物但會兵計策尤笑曰是美須眉者耶何爲迺如是初王莽徵天下能爲兵法者六十三家數百人並以爲軍吏選練武衞招募猛士說文曰募廣求之也旌旗輜重千里不絕周禮曰析羽爲旌熊虎爲旗輜車名釋名曰輜廁也謂軍糧什物雜廁載之以其累重故稱輜重重音直用反時有長人巨無霸王莽連率韓博上言有奇士長一丈大十圍自謂巨無霸出於蓬萊東南五城西北詔如海濱軺車不能載三馬不能勝臥則枕鼓以鐵箸食見前書長

丈大十圍以為壘尉鄭玄注周禮云軍壁曰壘崔瑗中壘校尉箴曰堂堂黃帝設為壘壁尉者主壘壁之事又驅諸猛獸猛或作獷獷猛貌也音古猛反虎豹犀象之屬以助威武自秦漢出師之盛未嘗有也光武將數千兵徼之於陽關聚名也酈元水經注曰潁水東南經陽關聚聚夾潁水相對在今洛州陽翟縣西北諸將見尋邑兵盛反走馳入昆陽皆惶怖憂念妻孥孥子也欲散歸諸城光武議曰今兵穀既少而外寇彊大并力禦之功庶可立如欲分散埶無俱全且宛城未拔謂伯升圍之未拔也不能相救昆陽即破一日之閒諸部亦滅矣今不同心膽共舉功名反欲守妻子財物邪諸將怒曰劉將軍何敢如是光武笑而起會候騎還言大兵且至城北軍陳數百里不見其後諸將遽相謂曰更請劉將軍計之光武復為圖畫成敗諸將憂迫皆曰諾時城中唯有八九千人光武迺使成國上公王鳳廷尉大將軍王常留守夜自與驃騎大將軍宗佻驃騎大將軍武帝置自霍去病始佻音大堯反五威將軍李軼等十三騎王莽置五威將軍其衣服依五方之色以威天下李軼初起猶假以為號出城

南門於外收兵時莽軍到城下者且十萬光武幾不得出[幾音祁]旣至郾定陵悉發諸營兵而諸將貪惜財貨欲分留守之光武曰今若破敵珍珤萬倍[珤古寶字]大功可成如爲所敗首領無餘何財物之有衆迺從嚴尤說王邑曰昆陽城小而堅今假號者在宛亟進大兵[亟急也音紀力反]彼必奔走宛敗昆陽自服邑曰吾昔以虎牙將軍圍翟義坐不生得以見責讓[翟義字文仲方進少子爲東郡太守王莽居攝義心惡之迺立東平王雲子信爲天子義自號柱天大將軍以誅莽莽迺使孫建王邑等將兵擊義破之義亡自殺故坐不生得坐音才卧反見前書]今將百萬之衆遇城而不能下何謂邪[遇或爲過]遂圍之數十重列營百數雲車十餘丈[雲車卽樓車稱雲言其高也升之以望敵猶墨子云公輸般爲雲梯之械]瞰臨城中[俯視曰瞰]旗幟蔽野[廣雅曰幟幡也音熾]埃塵連天鉦鼓之聲聞數百里[說文曰鉦鐃也似鈴]或爲地道衝輣橦城[衝橦車也詩曰臨衝閑閑許愼曰輣樓車也輣音步耕反]積弩亂發矢下如雨城中負戶而汲王鳳等乞降不許尋邑自以爲功在漏刻意氣甚逸夜有流星墜營中晝有雲如壞山當營而隕不及地尺而

散吏士皆厭伏續漢志曰雲如壞山謂營頭之星也占曰營頭之所墜其下覆軍殺將血流千里厭音一葉反六月己卯光武遂與營部俱進自將步騎千餘前去大軍四五里而陳尋邑亦遣兵數千合戰光武奔之斬首數十級秦法斬首一賜爵一級故因謂斬首爲級諸部喜曰劉將軍平生見小敵怯今見大敵勇甚可怪也且復居前請助將軍光武復進尋邑兵却諸部共乘之斬首數百千級連勝遂前時伯升拔宛已三日而光武尚未知迺僞使持書報城中云宛下兵到而陽墮其書尋邑得之不憙憙音許記反諸將旣經累捷膽氣益壯無不一當百光武迺與敢死者三千人從城西水上衝其中堅敢死謂果敢而死者凡軍事中軍將最尊居中以堅銳自輔故曰中堅也尋邑陳亂乘銳崩之遂殺王尋城中亦鼓譟而出中外合埶震呼動天地莽兵大潰走者相騰踐奔殪百餘里間殪仆也音於計反或作噎會大雷風屋瓦皆飛雨下如注滍川盛溢水經曰滍水出南陽魯陽縣西堯山東南經昆陽城北東入汝滍音直理反虎豹皆股戰士卒爭赴溺死者以萬數水爲不流數過於萬故以萬爲數王

邑嚴尤陳茂輕騎乘死人度水逃去盡獲其軍實輜重車甲珍寶不可勝算舉之連月不盡或燔燒其餘光武因復徇下潁陽縣名屬潁川郡故城在今許州會伯升爲更始所害光武自父城馳詣宛謝父城縣古應國也屬潁川郡故城在今許州葉縣東北㠯伯升見害心不自安故謝司徒官屬迎弔光武光武難交私語深引過而已未嘗自伐昆陽之功又不敢爲伯升服喪飲食言笑如平常更始㠯是慙拜光武爲破虜大將軍封武信侯九月庚戌三輔豪傑共誅王莽傳首詣宛三輔謂京兆左馮翊右扶風共在長安中分領諸縣淮南子曰智過百人謂之豪白虎通云賢萬人曰傑時城中少年子弟張魚等攻莽於漸臺商人杜吳殺莽校尉公賓就斬莽首將軍申屠建等傳莽首詣宛更始將北都洛陽㠯光武行司隸校尉使前整修宮府前書曰司隸校尉本周官武帝初置持節從中都官徒千二百人督大姦猾後罷其兵察三輔三河弘農秩比二千石音義云㠯掌徒隸而巡察故曰司隸於是置僚屬作文移東觀記曰文書移與屬縣也從事司察一如舊章續漢書曰司隸置從事史十二人秩皆百石主督促文書察舉非法時三輔吏士東迎更始見諸將過皆冠幘漢官儀曰幘者古之卑賤不冠者之所服也方言曰覆髻謂之幘或謂之承露而服婦人衣諸于繡𩣡前書音義曰諸于大掖衣也如婦人之袿衣字書無𩣡字續漢書作𧞣竝音其物反楊雄方言

〔曰襜褕其短者自關之西謂之裗裾郭璞注云俗名裾掖據此即是諸于上加繡裾如今之半臂也或繡下有擁字〕莫不笑之或有畏而走者〔續漢志曰時知者見之以爲服之不中身之災也迺奔入邊郡避之是服妖也其後更始遂爲赤眉所殺〕及見司隸僚屬皆歡喜不自勝老吏或垂涕曰不圖今日復見漢官威儀由是識者皆屬心焉

及更始至洛陽迺遣光武以破虜將軍行大司馬事十月持節北度河〔漢官儀曰大尉秦官也武帝更名大司馬節所以爲信也以竹爲之柄長八尺以旄牛尾爲其眊三重馮衍與田邑書曰今以一節之任建三軍之威豈特寵其八尺之竹犛牛之尾哉續漢志曰更始時南方有童謠云諧不諧在赤眉得不得在河北後更始爲赤眉所殺是不諧也光武由河北而興是得之也〕鎮慰州郡所到部縣輒見二千石長吏三老官屬下至佐史〔二千石謂郡守也長吏謂縣令長及丞尉也三老者鄉官也高祖置前書曰舉人年五十已上有修行能率衆者置以爲三老每鄉一人擇鄉三老爲縣三老與令長丞尉以事相教復其傜戍續漢志曰每刺史皆有從事史假佐每縣各置諸曹史也〕考察黜陟如州牧行部事〔漢初遣丞相史分刺州武帝改置刺史察州秩六百石成帝更名牧秩二千石漢官典儀曰刺史行郡國省察政教黜陟能不斷理冤獄也〕輒平遣囚徒除王莽苛政〔說文曰苛小草也言政令繁細禮記曰苛政猛於虎〕復漢官名吏人喜悅爭持牛酒迎勞進至邯鄲〔縣名屬趙國今洺州縣也前書音義邯山名鄲盡也邯山至此而盡城郭字皆從邑因以名焉〕故趙繆王子林〔繆王景帝七代孫名元前書曰元坐殺人爲大鴻臚所奏謚曰繆音謬東觀記曰林作臨字〕說光武曰赤眉今在河東

但決水灌之百萬之衆可使爲魚赤眉賊帥樊崇等恐其衆與王莽兵亂皆朱其眉㠯相別故曰赤眉續漢書曰是時上平河北過邯鄲林進見言赤眉可破上問其故對曰河水從列人北流如決河水灌之皆可令爲魚上不然之列人縣故城在今洺州肥鄉縣東北光武不答去之眞定縣名屬眞定國今恆州縣也林於是迺詐㠯卜者王郎爲成帝子子輿前書曰立國將軍孫建奏云不知何一男子遮臣車前自稱漢氏劉子輿成帝下妻子也劉帝當復故郎因而稱之十二月立郎爲天子都邯鄲遂遣使者降下郡國

二年正月光武㠯王郎新盛迺北徇薊縣名屬涿郡今幽州縣也本字從契從邑見說文王郎移檄購光武十萬戶說文曰檄㠯木簡爲書長尺二寸謂之檄㠯徵召也又曰㠯財有所求曰購魏武奏事曰若有急即插㠯雞羽謂之羽檄而故廣陽王子劉接廣陽王名嘉武帝五代孫起兵薊中㠯應郎城內擾亂轉相驚恐言邯鄲使者方到二千石㠯下皆出迎於是光武趣駕南轅趣急也讀曰促晨夜不敢入城邑舍食道傍至饒陽縣名屬安平國在饒河之陽故城在今瀛州饒陽縣東北官屬皆乏食光武迺自稱邯鄲使者入傳舍客館也傳音知戀反下同傳吏方進食從者飢爭奪之傳吏疑其僞迺椎鼓數十通椎音直追反紿言邯鄲將軍至紿言欺誑也音殆

官屬皆失色光武升車欲馳既而懼不免徐還坐曰請邯鄲將軍入久酒適驚去傳中人遥語門者閉之門長曰天下詎可知而閉長者乎遂得南出晨夜兼行蒙犯霜雪 蒙冒也 天時寒面皆破裂至呼沱河 山海經云大戲之山虖沱之水出焉在今代州繁時縣東流經定州深澤縣東南即光武所度處今俗猶謂之危度口臣賢案呼沱河舊在饒陽南至魏太祖曹操因饒河故瀆決令北注新溝水所以今在饒陽縣北 無船適遇冰合得過 續漢書曰時冰滑馬僵遒各以囊盛沙布冰上度焉 未畢數車而陷進至下博城西 下博縣屬信都國在博水之下故曰下博故城在今冀州下博縣南 遑惑不知所之有白衣老父在道旁 老父蓋神人也今下博縣西猶有祠堂 指曰努力信都郡為長安守去此八十里 信都郡今冀州也 光武即馳赴之信都太守任光開門出迎世祖因發旁縣得四千人先擊堂陽貰縣皆降之 堂陽及貰並屬鉅鹿郡堂陽在堂水之陽今冀州縣故城在今冀州鹿城縣西南貰音時夜反 王莽和戎卒正邳彤亦舉郡降 東觀記曰王莽分鉅鹿為和戎郡卒正職如太守 又昌城人劉植宋子人耿純 昌城縣屬信都國故城在今冀州西北宋子縣屬鉅鹿郡故城在今趙州平棘縣北 各率宗親子弟據其縣邑以奉光武於是北降下曲陽 縣名屬鉅鹿郡常山郡有上曲陽故此言下 眾稍合樂附者至

有數萬人復北擊中山中山國一名中人亭故城在今定州唐縣東北張曜中山記曰城中有山故曰中山拔盧奴縣名屬中山國故城在今定州安喜縣水經注曰縣有黑水故池水黑曰盧不流曰奴因以爲名所過發奔命兵前書音義曰舊時郡國皆有材官騎士若有急難權取驍勇者鬪命奔赴故謂之奔命移檄邊部共擊邯鄲郡縣還復響應南擊新市眞定元氏防子皆下之新市縣屬鉅鹿郡故城在今恒州東北元氏房子屬常山郡並今趙州縣也防與房同古字通用因入趙界時王郎大將李育屯柏人縣名屬趙國今邢州縣故城在縣之西北漢兵不知而進前部偏將朱浮鄧禹爲育所破亡失輜重光武在後聞之收浮禹散卒與育戰於郭門大破之盡得其所獲育還保城攻之不下於是引兵拔廣阿縣名屬鉅鹿郡故城在今趙州象城縣西北會上谷太守耿況漁陽太守彭寵上谷郡故城在今嬀州懷戎縣漁陽郡在漁水之陽今幽州縣各遣其將吳漢寇恂等將突騎來助擊王郎突騎言能衝突軍陣更始亦遣尚書僕射謝躬討郎漢官儀曰尚書四員武帝置成帝加一爲五有侍曹尚書主丞相御史事二千石尚書主刺史二千石事戶曹尚書主人庶上書事主客尚書主外國四夷事成帝加三公尚書主斷獄事僕射秦官也僕主也古者重武事每官必有主射以督課之謝躬爲尚書僕射光武因大饗士卒遂東圍鉅鹿王郎守將王饒堅守月餘不下郎遣將倪宏劉

秦倪音五兮反率數萬人救鉅鹿光武逆戰於南䜌縣名屬鉅鹿郡故城在今邢州柏人縣東北左傳齊國夏伐晉
取欒卽其地也其後南徙故加南今俗謂之倫城聲之轉也䜌音力全反斬首數千級四月進圍邯鄲連戰破之五
月甲辰拔其城誅王郎收文書得吏人與郎交關謗毀者數千章
光武不省會諸將軍燒之曰令反側子自安反側不安也詩國風曰展轉反側
更始遣侍御史持節立光武為蕭王蕭縣屬沛郡今徐州縣也續漢書曰更始使侍御史黃黨封上為蕭王悉令罷兵
詣行在所蔡邕獨斷曰天子以四海為家故謂所居為行在所光武辭以河北未平不就徵自是始
貳於更始貳離貳也是時長安政亂四方背叛梁王劉永擅命睢陽縣名屬梁郡今宋州也
擅專也公孫述稱王巴蜀蜀有巴郡故總言之李憲自立為淮南王淮南郡今壽州也秦豐
自號楚黎王習鑿齒襄陽記曰秦豐黎丘鄉人黎丘楚地故稱楚黎王黎丘故城在今襄州率道縣北張步起琅邪郡有琅邪山故城今
海州朐山縣東北董憲起東海郡名今海州縣延岑起漢中郡名故城在今梁州南鄭縣東北田戎起夷陵
縣名屬南郡有夷山故曰夷陵今硤州縣也故城在今縣西北並置將帥侵略郡縣又別號諸賊銅馬大肜
高湖重連鐵脛大搶尤來上江青犢五校檀鄉五幡五樓富平獲

後漢一上　七

索等諸賊或以山川土地爲名或以軍容彊盛爲號銅馬賊帥東山荒禿上淮況等大彤渠帥樊重尤來渠帥樊崇五校賊帥高扈檀鄉賊帥董次仲五樓賊帥張文富平賊帥徐少獲索賊帥古師郎等並見東觀記各領部曲續漢志曰大將軍營有五部部三校尉部下有曲曲有軍候一人眾合數百萬人所在寇掠光武將擊之先遣吳漢北發十郡兵幽州牧苗曾不從漢遂斬曾而發其眾秋光武擊銅馬於鄡縣名屬鉅鹿郡故城在今冀州鹿城縣東鄡音苦堯反竹書紀年曰衞鞅封於鄡臣賢按下文云吳漢將突騎來會清陽又追至館陶並與鄡相近俗本多誤作鄔而蕭該音一古反云屬太原郡臧矜音作鄡一建反云屬襄陽郡並誤也吳漢將突騎來會清陽縣名屬清河郡今貝州縣故城在州西北賊數挑戰挺身獨戰也古謂之致師見左傳挑音徒了反光武堅營自守有出鹵掠者輒擊取之鹵與虜同郭璞注爾雅曰掠奪取也絕其糧道積月餘日賊食盡夜遁去追至館陶大破之館陶縣屬魏郡今魏州縣受降未盡而高湖重連從東南來與銅馬餘眾合光武復與大戰於蒲陽悉破降之封其渠帥爲列侯前書音義曰蒲陽山蒲水所出在今定州北平縣西北本或作滿陽渠大也尚書殲厥渠魁列侯即徹侯也稱列者言見序列也降者猶不自安光武知其意敕令各歸營勒兵迺自乘輕騎案行部陳降者更相語曰蕭王推赤心置人腹中安得不投死乎投死猶言致死由是皆服

悉將降人分配諸將衆遂數十萬故關西號光武爲銅馬帝赤眉別帥與大彤青犢十餘萬衆在射犬續漢志曰野王縣有射犬聚故城在今懷州武德縣北也光武進擊大破之衆皆散走使吳漢岑彭襲殺謝躬於鄴青犢赤眉賊入函谷關攻更始函谷谷名因谷以名關舊在弘農湖城縣西前書楊僕爲樓船將軍有功恥居關外武帝迺爲徙於新安故關在今洛州新安縣之東光武迺遣鄧禹率六裨將引兵而西以乘更始赤眉之亂時更始使大司馬朱鮪舞陰王李軼等屯洛陽舞陰縣屬南陽郡故城在今唐州泚陽縣西北光武亦令馮異守孟津以拒之孔安國注尚書云孟地名在洛北都道所湊古今以爲津論衡曰武王伐紂八百諸侯同於此盟故曰盟津俗名治戍津今河陽縣津也

建武元年春正月平陵人方望平陵昭帝陵也因以爲縣故城在今咸陽縣西北立前孺子劉嬰爲天子平帝崩王莽立楚孝王孫廣戚侯顯子嬰爲孺子莽篡位廢爲定安公更始遣丞相李松擊斬之光武北擊尤來大搶五幡於元氏追至右北平連破之北平縣屬中山國今易州永樂縣也臣賢案東觀記續漢書並無右字此加右誤也營州西南別有右北平郡故城非此地又戰於順水北酈元水經注云徐水經北平縣故城北光武追銅馬五幡破之於順水即徐水之別名也在今易州本或作愼者誤也乘勝輕進反爲所敗賊追急短兵接短兵謂刀劒也楚辭曰車錯轂

今短兵接光武自投高岸遇突騎王豐下馬授光武光武撫其肩而上顧笑謂耿弇曰幾爲虜嗤弇頻射却賊得免士卒死者數千人散兵歸保范陽縣名在范水之陽屬涿郡故城在今易州易縣東南軍中不見光武或云已歿東觀記曰上已乘王豐小馬先到矣營門不覺諸將不知所爲吳漢曰卿曹努力曹輩也王兄子在南陽何憂無主兄子謂伯升子章及興也衆恐懼數日迺定賊雖戰勝而素懾大威懾懼也音之涉反客主不相知夜遂引去大軍復進至安次縣名屬勃海郡今幽州縣也故城在縣東與戰破之斬首三千餘級賊入漁陽迺遣吳漢率耿弇陳俊馬武等十二將軍追戰於潞東潞縣名屬漁陽郡今幽州縣也有潞水因以爲名蕭該音義云潞屬上黨臣賢案潞與漁陽相接言上黨潞者非也及平谷大破滅之平谷縣屬漁陽郡故城在今潞縣北朱鮪遣討難將軍蘇茂攻溫今洛州縣馮異寇恂與戰大破之斬其將賈彊於是諸將議上尊號馬武先進曰天下無主如有聖人承敝而起雖仲尼爲相孫子爲將猶恐無能有益反水不收後悔無及言早當即尊位以定衆心今執謙退失於事機也孫子名武吳王闔閭將善用兵有兵法十三篇反音翻大王雖執謙

退奈宗廟社稷何宜且還薊即尊位迺議征伐今此誰賊而馳騖擊之乎誰謂未有主也前書音義曰直騁曰馳亂馳曰騖光武驚曰何將軍出是言可斬也武曰諸將盡然光武使出曉之使曉諭諸將迺引軍還至薊夏四月公孫述自稱天子光武從薊還過范陽命收葬吏士至中山諸將復上奏曰漢遭王莽宗廟廢絕豪傑憤怒兆人塗炭尚書曰人墜塗炭孔安國注云若陷泥墜火無救之者王與伯升首舉義兵更始因其資以據帝位而不能奉承大統敗亂綱紀盜賊日多羣生危蹙蹙迫也音子六反大王初征昆陽王莽自潰後拔邯鄲北州弭定參分天下而有其二跨州據土帶甲百萬言武力則莫之敢抗論文德則無所與辭臣聞帝王不可以久曠天命不可以謙拒惟大王以社稷爲計萬姓爲心光武又不聽行到南平棘縣名屬常山郡今趙州縣故城在縣南諸將復固請之光武曰寇賊未平四面受敵何遽欲正號位乎諸將且出耿純進曰天下士大夫捐親戚棄土壤從

大王於矢石之間者其計固望其攀龍鱗附鳳翼㠯成其所志耳楊雄法言曰攀龍鱗附鳳翼巽㠯揚之今功業即定天人亦應而大王留時逆衆不正號位純恐士大夫望絶計窮則有去歸之思無爲久自苦也大衆一散難可復合時不可留衆不可逆純言甚誠切光武深感曰吾將思之行至鄗縣名今趙州高邑縣也鄗音火各反光武先在長安時同舍生彊華續漢書曰彊華潁川人也彊音其兩反自關中奉赤伏符曰劉秀發兵捕不道四夷雲集龍鬬野四七之際火爲主四七二十八也自高祖至光武初起合二百二十八年即四七之際也漢火德故火爲主也羣臣因復奏曰受命之符人應爲大謂彊華奉赤伏符也萬里合信不議同情周之白魚曷足比焉尚書中候曰武王伐紂度孟津中流白魚躍入王舟長三尺赤文有字告㠯伐紂之意也今上無天子海內淆亂符瑞之應昭然著聞宜荅天神㠯塞羣望光武於是命有司設壇場於鄗南千秋亭五成陌壇謂築土塲謂除地秦法十里一亭南北爲阡東西爲陌其地在今趙州柏鄉縣水經注曰亭有石壇壇有圭頭碑其陰云常山相隴西狄道馮龍所造壇廟之東枕道有兩石翁仲南北相對焉六月己未即皇帝位燔燎告天天高不可達故燔柴㠯祭之庶高煙上通也爾雅云祭天

後漢一　九

曰燔柴燔音煩燎音力弔反禋于六宗精意以享謂之禋續漢志平帝元始中謂六宗爲易卦六子之氣水火雷風山澤也光武中興遵而不改至安帝即位初改六宗爲天地四方之宗祠於洛陽之北戌亥之地望于羣神山林川谷能興致雲雨者皆曰神不可徧至故望而祭之尚書曰望于山川徧于羣神其祝文曰皇天上帝后土神祇眷顧降命屬秀黎元爲人父母屬音燭秀不敢當羣下百辟不謀同辭詩大雅曰百辟卿士鄭玄注云百辟畿內諸侯也咸曰王莽篡位秀發憤興兵破王尋王邑於昆陽誅王郎銅馬於河北平定天下海內蒙恩上當天地之心下爲元元所歸元元謂黎庶也元元猶言喁喁可矜怜之辭也讖記曰劉秀發兵捕不道卯金脩德爲天子卯金劉字也春秋演孔圖曰卯金刀名爲赤帝後次代周秀猶固辭至于再至于三羣下僉曰皇天大命不可稽留敢不敬承於是建元爲建武大赦天下改鄗爲高邑是月赤眉立劉盆子爲天子甲子前將軍鄧禹擊更始定國公王匡於安邑大破之安邑縣屬河東郡今蒲州縣也斬其將劉均秋七月辛未拜前將軍鄧禹爲大司徒丁丑以野王令王梁爲大司空野王縣屬河內郡故城在今懷州時據赤伏符文故從縣宰而超拜之事具梁傳壬午以大將軍吳漢爲大司

馬偏將軍景丹爲驃騎大將軍大將軍耿弇爲建威大將軍偏將軍蓋延爲虎牙大將軍偏將軍朱祜爲建義大將軍中堅將軍杜茂爲大將軍時宗室劉茂自號厭新將軍王莽號新室言欲厭勝之率衆降封爲中山王己亥幸懷縣名屬河內郡故城在今懷州武陟縣西天子所行必有恩幸故稱幸遣耿弇率彊弩將軍陳俊軍五社津水經注曰鞏縣北有五社津一名土社津有山臨河其下有穴潛通淮浦有渚謂之鮪渚呂覽云武王伐紂至鮪水即此地備滎陽以東使吳漢率朱祜及廷尉岑彭前書廷尉秦官也聽獄必質於朝廷與衆共之尉平也故稱廷尉執金吾賈復前書曰中尉秦官武帝改爲執金吾吾禦也掌執兵革以禦非常揚化將軍堅鐔等十一將軍鐔音徒南反圍朱鮪於洛陽八月壬子祭社稷癸丑祠高祖太宗世宗於懷宮進幸河陽更始廩丘王田立降廩丘縣屬東郡城在今濮州雷澤縣北也九月赤眉入長安更始奔高陵辛未詔曰漢制度曰帝之下書有四一曰策書二曰制書三曰詔書四曰誡敕策書者編簡也其制長二尺短者半之篆書起年月日稱皇帝以命諸侯王三公以罪免亦賜策而以隸書用尺一木兩行唯此爲異也制書者帝者制度之命其文曰制詔三公皆璽封尚書令印重封露布州郡也詔書者詔告也其文曰告某官云如故事誡敕者謂敕刺史太守其文曰有詔敕某官他皆倣此更始破敗棄城逃走妻子裸袒流冗道路冗音人勇反冗散也

朕甚愍之今封更始爲淮陽王淮陽郡故城在今陳州宛丘縣西南吏人敢有賊害者皋同大逆甲申以前高密令卓茂爲太傅高密縣屬高密國今密州縣故城在今縣之西南卓茂平帝時爲密令故曰前辛卯朱鮪舉城降冬十月癸丑車駕入洛陽幸南宮却非殿遂定都焉蔡質漢典職儀曰南宮至北宮中央作大屋複道三道行天子從中道從官夾左右十步一衛兩宮相去七里又洛陽宮閣名有却非殿臣賢案俗本或作御北殿者誤遣岑彭擊荆州群賊十一月甲午幸懷劉永自稱天子十二月丙戌至自懷赤眉殺更始而隗囂據隴右盧芳起安定郡名今涇州縣破虜大將軍叔壽擊五校賊於曲梁戰歿曲梁屬廣平國今洛州縣也

二年春正月甲子朔日有食之續漢志曰在危八度虛危齊地賊張步擁兵據齊至五年乃破大司馬吳漢率九將軍擊檀鄉賊於鄴東大破降之庚辰封功臣皆爲列侯大國四縣餘各有差下詔曰人情得足苦於放縱快須臾之欲忘慎罰之義尚書曰罔不明德慎罰亦克用勸孔安國注云慎刑罰亦能用勸善也惟諸將業遠功大誠欲傳於無窮宜如臨深淵如履薄冰戰戰慄慄日慎一日太公金匱曰黃帝居人上惴惴若臨深淵舜居人上矜矜

後漢一　七

如履薄冰禹居人上慄慄如不滿日敬勝怠則吉義勝欲則昌日慎一日壽終無殃其顯效未酬名籍未立者大鴻臚趣上續漢志曰大鴻臚卿一人中二千石掌諸王入朝及拜諸侯封者趣音促朕將差而錄之博士丁恭議曰古帝王封諸侯不過百里史記太史公曰武王成康所封數百而同姓五十地不過百里故利以建侯取法於雷易屯卦震下坎上震爲雷初九曰利建侯又曰震驚百里故封諸侯地方百里以法雷也強幹弱枝所以爲治也今封諸侯四縣不合法制帝曰古之亡國皆以無道未嘗聞功臣地多而滅亡者迺遣謁者卽授印綬前書曰謁者秦官掌賓讚受事員七十人秩比六百石中興但三十人蔡質典職儀曰皆選儀容端正任奉使者前書曰諸侯王金璽盭綬列侯金印紫綬盭音戾草名也似艾可染綠因以名綬也策曰在上不驕高而不危制節謹度滿而不溢敬之戒之傳爾子孫長爲漢藩藩屏也言建諸侯所以爲國之藩蔽也詩大雅曰四國于藩壬午更始復漢將軍鄧曅輔漢將軍于匡降皆復爵位壬子起高廟建社稷於洛陽立郊兆於城南始正火德色尚赤漢禮制度曰人君之居前有朝後有寢終則制廟以象朝後制寢以象寢光武都洛陽迺合高祖以下至平帝爲一廟藏十一帝主於其中元帝次當第八光武第九故立元帝爲祖廟後遵而不改續漢志曰立社稷於洛陽在宗廟之右皆方壇四面及中各依方色無屋有墻門而已白虎通曰天子之壇方五丈諸侯之壇半天子之壇社者土也人非土不立非穀不食故封土立社示有土也稷者五穀之長得陰陽中和之氣故祭之也續漢書曰制

郊兆於洛陽城南七里爲壇八陛中又爲重壇天地位皆在壇上其外壇上爲五帝位青帝位在甲寅赤帝位在丙巳黄帝位在丁未白帝位在庚申黑帝位在壬亥其外爲壝重營皆紫以象紫宫營有通道以爲門日月在營内南道日在東月在西北斗在北道之西外營中營凡千五百一十四神高皇帝配食爲北郊在洛陽城北四里方壇四陛地祇位南面西上高皇后配西面皆在壇上地理群后從食皆在壇下中嶽在未四瀆各依其方淮海俱在東河在西濟在北江在南餘山川各如其方漢初土德色尚黄至此始明火德徽幟尚赤服色於是迺正

是月赤眉焚西京宫室發掘園陵園謂塋域陵謂山墳寇掠關中大司徒鄧禹入長安遣府掾奉十一帝神主納於高廟漢官儀曰司徒府掾屬三十一人秩千石十一帝謂高祖至平帝神主以木爲之方尺二寸穿中央達四方天子主長尺二寸諸侯主長一尺虞主用桑練主用栗衛宏舊漢儀曰已葬收主爲木函藏廟太室中西壁坎中去地六尺一寸祭則立主於坎下真定王楊臨邑侯讓謀反楊景帝七代孫讓即楊弟遣前將軍耿純誅之二月己酉幸修武縣名屬河内郡本殷之甯邑韓詩外傳曰武王伐紂勒兵於甯改曰修武今懷州縣也大司空王梁免壬子以太中大夫宋弘爲大司空遣驃騎大將軍景丹率征虜將軍祭遵等二將軍擊弘農賊破之因遣祭遵圍蠻中賊張滿蠻中聚名故戎蠻子國在今汝州西南俗謂之麻城漁陽太守彭寵反攻幽州牧朱浮於薊延岑自稱武安王於漢中辛卯至自修武三月乙未大赦天下詔曰頃獄多冤人用刑深刻朕甚愍

之孔子云刑罰不中則民無所措手足論語之文其與中二千石諸大夫博士議郎議省刑法遣執金吾賈復率二將軍擊更始郾王尹遵破降之遵或作尊驍騎將軍劉植擊密賊戰歿密縣屬河南郡今洛州縣遣虎牙大將軍蓋延率四將軍伐劉永夏四月圍永於睢陽更始將蘇茂殺淮陽太守潘蹇而附劉永甲午封叔父良爲廣陽王兄子章爲太原王章弟興爲魯王舂陵侯嫡子祉爲城陽王城陽國故城在今沂州臨沂縣南五月庚辰封更始元氏王歙爲泗水王泗水國今兗州縣也故眞定王楊子德爲眞定王周後姬常爲周承休公武帝封周後姬嘉爲周子南君成帝封姬延爲周承休公常即延之後承休所封故城在今汝州東北癸未詔曰民有嫁妻賣子欲歸父母者恣聽之敢拘執論如律六月戊戌立貴人郭氏爲皇后子彊爲皇太子大赦天下增郎謁者從官秩各一等前書曰郎官掌守門戶出充車騎有議郎中郎侍郎郎中秩六百石以下丙午封宗子劉終爲淄川王淄川國今淄州縣秋八月帝自將征五校丙辰幸內黃縣名屬魏郡今相州縣大破五校於羛陽

降之[羛陽聚名屬魏郡故城在今相州堯城縣東諸本有作莠者誤也左傳云晉荀盈如齊逆女還卒於戲陽杜預注云內黃縣北有戲陽城戲與羛同音許宜反]遣游擊將軍鄧隆救朱浮與彭寵戰於潞隆軍敗績蓋延拔睢陽劉永奔譙[今亳州縣]破虜將軍鄧奉據淯陽反九月壬戌至自內黃驃騎大將軍景丹薨延岑大破赤眉於杜陵[縣名屬京兆周之杜伯國在今萬年縣東南]關中饑民相食冬十一月以廷尉岑彭爲征南大將軍率八將軍討鄧奉於堵鄉[水經注曰堵水南經小堵鄉在今唐州方城縣堵音者]銅馬青犢尤來餘賊共立孫登爲天子於上郡[春秋保乾圖曰賊臣起名孫登巧用法多技方蓋立以應之上郡故城在今涇州上縣東南]登將樂元殺登以其衆五萬餘人降遣偏將軍馮異代鄧禹伐赤眉使太中大夫伏隆持節安輯青徐二州招張步降之[爾雅曰輯和也音集]十二月戊午詔曰惟宗室列侯爲王莽所廢先靈無所依歸朕甚愍之其並復故國若侯身已歿屬所上其子孫見名尚書封拜[屬所謂侯子孫所屬之郡縣也錄其見名上於尚書封拜之]是歲蓋延等大破劉永於沛西[沛今徐州縣也]初王莽末天下旱蝗黃金一斤易粟一斛至是

野穀旅生[旅寄也不因播種而生故曰旅今字書作穭音呂古字通]麻尗尤盛野蠶成繭被於山阜人收其利焉

三年春正月甲子以偏將軍馮異爲征西大將軍杜茂爲驃騎大將軍大司徒鄧禹及馮異與赤眉戰於回溪[溪名也俗名回坑在今洛州永寧縣東]禹異敗績征虜將軍祭遵破蠻中斬張滿辛巳立皇考南頓君已上四廟壬午大赦天下閏月乙巳大司徒鄧禹免馮異與赤眉戰於崤底大破之[崤山名底阪也一名嶔岑山在今洛州永寧縣西北]餘眾南向宜陽[縣名屬弘農郡韓國都也故城在今洛州福昌縣東韓城是也]帝自將征之己亥幸宜陽甲辰親勒六軍大陳戎馬大司馬吳漢精卒當前中軍次之驍騎武衛分陳左右赤眉望見震怖遣使乞降丙午赤眉君臣面縛[面偝也謂反偝而縛之]奉高皇帝璽綬[蔡邕獨斷曰皇帝六璽皆玉螭虎紐文曰皇帝行璽皇帝之璽皇帝信璽天子行璽天子之璽天子信璽皆以武都紫泥封之玉璽譜曰傳國璽是秦始皇初定天下所刻其玉出藍田山丞相李斯所書其文曰受命于天既壽永昌高祖至霸上秦王子嬰獻之至王莽篡位就元后求璽不與以威逼之迺出璽投地璽上螭一角缺及莽敗李松持璽詣宛上更始更始敗璽入赤眉劉盆子既敗以奉光武]詔以屬城門

校尉前書曰城門校尉掌京師城門屯兵秩比二千石也戊申至自宜陽己酉詔曰羣盜縱橫賊害元元盆子竊尊號亂惑天下朕奮兵討擊應時崩解十餘萬衆束手降服先帝璽綬歸之王府斯皆祖宗之靈士人之力朕曷足以享斯哉享當也其擇吉日祠高廟賜天下長子當爲父後者爵人一級二月己未祠高廟受傳國璽劉永立董憲爲海西王海西縣屬琅邪郡張步爲齊王步殺光祿大夫伏隆而反幸懷遣吳漢率二將軍擊青犢於軹西大破降之軹縣屬河內郡故城在今洛州濟源縣東南三月壬寅以大司徒司直伏湛爲大司徒續漢志曰光武即位依武帝故事置司徒司直建武十一年省彭寵陷薊城寵自立爲燕王帝自將征鄧奉幸堵陽夏四月大破鄧奉於小長安斬之馮異與延岑戰於上林破之關中上林苑也吳漢率七將軍與劉永將蘇茂戰於廣樂大破之廣樂地闕今宋州虞城縣有長樂故城蓋避隋煬帝諱虎牙大將軍蓋延圍劉永於睢陽五月己酉車駕還宮乙卯晦日有食之續漢志曰日在柳十四度柳河南也時樊崇謀作亂其七月伏誅六月壬戌

大赦天下耿弇與延岑戰於穰大破之穰縣屬南陽郡今鄧州縣秋七月征南大將軍岑彭率三將軍伐秦豐戰於黎丘大破之獲其將蔡宏庚辰詔曰吏不滿六百石下至墨綬長相有罪先請續漢志曰縣大者置令一人千石其次置長四百石小者三百石侯國之相亦如之皆掌理人並秦制男子八十已上十歲已下及婦人從坐者自非不道詔所名捕皆不得繫詔書有名而特捕者當驗問者即就驗女徒雇山歸家前書音義曰令甲女子犯徒遣歸家每月出錢雇人於山伐木名曰雇山益延拔睢陽獲劉永而蘇茂周建立永子紆為梁王冬十月壬申幸舂陵祠園廟因置酒舊宅大會故人父老光武舊宅在今隨州棗陽縣東南宅南二里有白水焉即張衡所謂龍飛白水也十一月乙未至自舂陵涿郡太守張豐反涿郡故城在今幽州范陽縣是歲李憲自稱天子西州大將軍隗囂奉奏時鄧禹承制命囂為西州大將軍專制涼州朔方事建義大將軍朱祜率祭遵與延岑戰於東陽斬其將張成東陽聚名也故城在今鄧州南臨淮郡復有東陽縣非此地也

四年春正月甲申大赦天下二月壬子幸懷壬申至自懷遣右將

軍鄧禹率二將軍與延岑戰於武當破之（武當縣屬南陽郡有武當山今均州縣也）夏四月丁巳幸鄴己巳進幸臨平（縣名屬鉅鹿郡故城在今定州鼓城縣東南）遣大司馬吳漢擊五校賊於箕山大破之（吳漢傳曰東郡箕山）五月進幸元氏辛巳進幸盧奴遣征虜將軍祭遵率四將軍討張豐於涿郡斬豐六月辛亥車駕還宮七月丁亥幸譙遣捕虜將軍馬武偏將軍王霸圍劉紆於垂惠（垂惠聚名在今亳州山桑縣西北一名禮城）董憲將賁休以蘭陵城降憲圍之（前書曰賁赫音肥今姓作賁音奔蘭陵縣屬東海郡故城在今沂州丞縣東）虎牙大將軍蓋延率平狄將軍龐萌救賁休不克蘭陵爲憲所陷秋八月戊午進幸壽春（今壽州縣）太中大夫徐惲擅殺臨淮太守劉度惲坐誅遣揚武將軍馬成率三將軍伐李憲九月圍憲於舒（縣名故城在今廬州廬江縣西）冬十月甲寅車駕還宮太傅卓茂薨十一月丙申幸宛遣建義大將軍朱祜率二將軍圍秦豐於黎丘十二月丙寅進幸黎丘是歲征西大將軍馮異與公孫述將程焉戰於陳倉破之

五年春正月癸巳車駕還宮二月丙午大赦天下捕虜將軍馬武偏將軍王霸拔垂惠乙丑幸魏郡（今相州也）壬申封殷後孔安爲殷紹嘉公（武帝封孔吉爲殷紹嘉公安即吉之裔也）彭寵爲其蒼頭所殺漁陽平（秦呼人爲黔首謂奴爲蒼頭者以別於良人也）大司馬吳漢率建威大將軍耿弇擊富平獲索賊於平原大破降之（平原郡今德州縣也）復遣耿弇率二將軍討張步三月癸未徙廣陽王良爲趙王始就國平狄將軍龐萌反殺楚郡太守孫萌而東附董憲遣征南大將軍岑彭率二將軍伐田戎於津鄉大破之（南郡有津鄉故城在今荆州江陵縣東）夏四月旱蝗河西大將軍竇融始遣使貢獻五月丙子詔曰久旱傷麥秋種未下朕甚憂之將殘吏未勝獄多冤結元元愁恨感動天氣乎其令中都官三輔郡國出繫囚（前書音義曰中都官謂京師諸官府也國謂諸侯王國也）罪非犯殊死一切勿案（殊死謂斬刑殊絕也左傳曰斬其木而弗殊一切謂權時非久制也並見前書音義）見徒免爲庶人務進柔良退貪酷各正厥事焉（臣賢案范曄序例云帝紀畧依春秋唯孛彗日食地震書餘悉備於志流俗本於此下多有甲申白虹見南北竟天）

者誤它皆放此六月建義大將軍朱祜拔黎丘獲秦豐而罷萌蘇茂圍桃城
任城國有桃聚故城在今兗州任城縣北帝時幸蒙縣名屬梁國故城在今宋州北因自將征之先理兵任城迺
進救桃城大破萌等秋七月丁丑幸沛祠高原廟前書音義曰原再也謂已立廟更立者爲原
詔修復西京園陵進幸湖陵征董憲湖陵縣屬山陽郡故城在今兗州方與縣東一名湖陸又幸蕃縣名
屬魯國故城在今徐州滕縣蕃音皮遂攻董憲於昌慮大破之昌慮縣屬東海郡故城在今徐州滕縣東南古郳國之濫邑也左傳曰郳庶其
以濫來奔即此地八月己酉進幸郯縣名屬東海郡故城在今泗州下邳縣東北郯音談留吳漢攻劉紆董憲
等車駕轉徇彭城下邳吳漢拔郯獲劉紆漢進圍董憲龐萌於朐
縣名屬東海郡故城在今海州朐山縣西音其于反冬十月還幸魯使大司空祠孔子耿弇等與張
步戰於臨淄大破之臨淄今青州縣帝幸臨淄進幸劇縣名故城在今青州壽光縣南故紀國城也張步
斬蘇茂以降齊地平初起太學陸機洛陽記曰太學在洛陽城故開陽門外去宮八里講堂長十丈廣三丈車駕還
宮幸太學賜博士弟子各有差十一月壬寅大司徒伏湛免尚書
令侯霸爲大司徒十二月盧芳自稱天子於九原縣名屬五原郡故城在今勝州銀城縣西

州大將軍隗囂遣子恂入侍交阯牧鄧讓率七郡太守遣使奉貢交阯郡今交州縣也南濱大海輿地志云其夷足大指開析兩足並立指則相交阯與趾同古字通應劭漢官儀曰始開北方遂交於南爲子孫基阯也七郡謂南海蒼梧鬱林合浦交阯九眞日南並屬交州見續漢書詔復濟陽二年傜役濟陽縣故城在今曹州冤句縣西南皇考南頓君初爲濟陽令已哀帝建平元年帝生於濟陽宮故復之前書音義曰復謂除其賦役也復音福是歲野穀漸少田畝益廣焉

光武帝紀第一上

後漢書一

光武帝紀第一下　　後漢書一下

唐章懷太子賢注

六年春正月丙辰改舂陵鄉爲章陵縣世世復傜役比豐沛無有所豫高祖豐沛邑人故代代復今比之也復音福辛酉詔曰往歲水旱蝗蟲爲災穀價騰躍言踴貴也人用困乏朕惟百姓無以自贍惻然愍之其命郡國有穀者給稟說文稟賜穀也音筆錦反高年鰥寡孤獨及篤癃無家屬貧不能自存者如律大戴禮曰六十無妻曰鰥五十無夫曰寡禮記曰幼而無父曰孤老而無子曰獨爾雅曰篤困也蒼頡篇曰癃病也漢律今亡二千石勉加循撫無令失職職猶常也揚武將軍馬成等拔舒獲李憲二月大司馬吳漢拔朐獲董憲龐萌山東悉平諸將還京師置酒賞賜三月公孫述遣將任滿寇南郡今荊州也夏四月丙子幸長安始謁高廟遂有事十一陵有事謂祭也左傳曰有事於太廟高祖長陵惠帝安陵文帝霸陵景帝陽陵武帝茂陵昭帝平陵宣帝杜陵元帝渭陵成帝延陵哀帝義陵平帝康陵遣虎牙大將軍蓋延等七將軍從隴道伐公孫述五月己未至自長安隗囂反蓋延

等因與囂戰於隴氐諸將敗績辛丑詔曰惟天水隴西安定北地並郡名天水今秦州安定今涇州北地今寧州隴西今渭州吏人爲隗囂所詿誤者說文曰詿亦誤也音古賣反又三輔遭難赤眉有犯法不道者前書音義曰律殺不辜一家三人爲不道自殊死以下皆赦除之六月辛卯詔曰夫張官置吏所以爲人也管子曰張官置吏所以奉主之法今百姓遭難戶口耗少而縣官吏職所置尚繁其令司隸州牧漢官儀曰司隸校尉部河南河內右扶風左馮翊京兆河東弘農七郡於河南洛陽故謂東京爲司隸各實所部省減吏員縣國不足置長吏可并合者并音必政反上大司徒大司空二府於是條奏并省四百餘縣吏職減損十置其一代郡太守劉興擊盧芳將賈覽於高柳戰歿高柳縣屬代郡故城在今雲州定襄縣初樂浪人王調據郡不服樂浪郡故朝鮮國也在遼東秋遣樂浪太守王遵擊之郡吏殺調降遣前將軍李通率二將軍與公孫述將戰於西城破之西城縣屬漢中今金州縣也夏蝗秋九月庚子赦樂浪謀反大逆殊死已下丙寅晦日有食之冬十月丁丑詔曰吾德薄不明寇賊爲害彊弱

相睦元元失所詩云日月告凶不用其行 詩小雅鄭玄注云告凶告天下凶亡之徵也行道度也不用之者謂相干犯 永念厥咎內疚於心 疚病也詩曰憂心孔疚 其敕公卿舉賢良方正各一人 武帝建元元年始詔舉賢良方正直言極諫之士也 百僚並上封事無有隱諱 宣帝始令羣臣得奏封事以知下情 有司修職務遵法度 十一月丁卯詔王莽時吏人沒入爲奴婢不應舊法者皆免爲庶人 十二月壬辰大司空宋弘免 癸巳詔曰頃者師旅未解用度不足故行什一之稅 謂十分而稅其一也孟子曰夏五十而貢殷七十而助周百畝而徹其實皆什一也 今軍士屯田糧儲差積 武帝初通西域始置校尉屯田 其令郡國收見田租三十稅一如舊制 景帝二年令人田租三十而稅一今依景帝故云舊制 隗囂遣將行巡寇扶風 行姓巡名漢有行祐爲趙相見風俗通 征西大將軍馮異拒破之 是歲初罷郡國都尉官 始遣列侯就國 匈奴遣使來獻 使中郎將報命 漢官儀曰使匈奴中郎將擁節秩比二千石匈奴傳云令中郎將韓統報命賂遺金幣

七年春正月丙申詔中都官三輔郡國出繫囚非犯殊死皆一切勿案其罪見徒免爲庶民耐罪亡命吏以文除之 耐輕刑之名前書音義曰一歲刑爲罰作二歲

刑已上爲耐耐音乃代反亡命謂犯耐罪而背名逃者令吏爲文簿記其姓名而除其罪恐遂逃不歸因失名籍又詔曰世以厚葬爲德薄終爲鄙至於富者奢僭貧者單財單盡法令不能禁禮義不能止倉卒迺知其咎倉卒謂喪亂也諸厚葬者皆被發掘故迺知其咎惡也其布告天下令知忠臣孝子慈兄悌弟薄葬送終之義二月辛巳罷護漕都尉官三月丁酉詔曰今國有衆軍並多精勇宜且罷輕車騎士材官樓船士及軍假吏漢官儀曰高祖命天下郡國選能引關蹶張材力武猛者以爲輕車騎士材官樓船常以立秋後講肄課試各有員數平地用車騎山阻用材官水泉用樓船軍假吏謂軍中權置吏也令悉罷之令還復民伍公孫述立隗囂爲朔寧王癸亥晦日有食之避正殿寢兵不聽事五日詔曰吾德薄致災謫見日月謫罰也音直革反左傳曰人君爲政不用善自取謫於日月之災也戰慄恐懼夫何言哉今方念愆庶消厥咎其令有司各修職任奉遵法度惠茲元元百僚各上封事無有所諱其上書者不得言聖夏四月壬午詔曰比陰陽錯謬日月薄食百姓有過在予一人大赦天下公卿司隸州牧舉賢良方正各一人遣詣公車朕

將覽試焉 公車門名公車所在因以名焉漢官儀曰公車掌殿司馬門天下上事及徵召皆總領之 五月戊戌前將軍李通爲大司空甲寅詔吏人遭饑亂及爲靑徐賊所略爲奴婢下妻欲去留者恣聽之 杜預左傳云不以道取爲畧 敢拘制不還以賣人法從事 言從賣人之事以結其罪 是夏連雨水漢忠將軍王常爲橫野大將軍八月丁亥封前河閒王邵爲河閒王隗囂寇安定征西大將軍馮異征虜將軍祭遵擊却之冬盧芳所置朔方太守田颯 音立 雲中太守喬扈各舉郡降是歲省長水射聲二校尉官 前書音義曰長水地名胡騎所屯射聲謂工射者也夜中聞聲則射之因以爲名二校尉皆武帝置今省之

八年春正月中郎將來歙襲略陽 縣名屬天水郡故城在今秦州隴城縣西北 殺隗囂守將而據其城夏四月司隸校尉傅抗下獄死隗囂攻來歙不能下閏月帝自征囂河西太守竇融率五郡太守與車駕會高平 五郡謂隴西金城天水酒泉張掖高平縣名屬安定後改爲高平今原州縣 隴右潰隗囂奔西城遣大司馬吳漢征南大將軍岑彭圍之進幸上邽不降 上邽縣名屬隴西郡故邽戎邑今秦州縣 命虎牙大將軍蓋延建

威大將軍耿弇攻之潁川盜賊寇沒屬縣河東守守兵亦叛京師騷動秋大水八月帝自上邽晨夜東馳九月乙卯車駕還宮庚申帝自征潁川盜賊皆降安丘侯張步叛歸琅邪安丘縣屬北海郡今密州縣有渠丘亭琅邪太守陳俊討獲之戊寅至自潁川冬十月丙午幸懷十一月乙丑至自懷公孫述遣兵救隗囂吳漢蓋延等還軍長安天水隴西復反歸囂十二月高句驪王遣使奉貢是歲大水左傳曰平原出水爲大水

九年春正月隗囂病死其將王元周宗復立囂子純爲王徙鴈門吏人於太原三月辛亥初致青巾左校尉官公孫述遣將田戎任滿據荆門水經注曰江水東歷荆門虎牙之間荆門山在南上合下開其狀似門虎牙山在北石壁色紅間有白文類牙故以名也此二山楚之西塞也在今硤州夷陵縣東南夏六月丙戌幸緱氏登轘轅緱氏縣有緱氏山轘轅山有轘轅坂並在洛陽之東南遣大司馬吳漢率四將軍擊盧芳將賈覽於高柳戰不利秋八月遣中郎將來歙監征西大將軍馮異等五將軍討隗純於天水驃騎大將軍杜

茂與賈覽戰於繁畤縣名屬鴈門郡今代州縣茂軍敗績是歲省關都尉前書曰秦官也武帝置復置護羌校尉官漢官儀曰武帝置秩比二千石持節以護西羌王莽亂遂罷時班彪議宜復其官以理冤結帝從之以牛邯為護羌校尉都於隴西令居縣

十年春正月大司馬吳漢率捕虜將軍王霸等五將軍擊賈覽於高柳匈奴遣騎救覽諸將與戰却之修理長安高廟夏征西大將軍馮異破公孫述將趙匡於天水斬之征西大將軍馮異薨秋八月己亥幸長安祠高廟遂有事十一陵戊戌進幸汧縣名屬右扶風故城在今隴州汧源縣隗囂將高峻降冬十月中郎將來歙等大破隗純於落門前書曰天水冀縣有落門聚在今渭州隴西縣東南有落門山落門水出焉其將王元奔蜀純與周宗降隴右平先零羌寇金城隴西金城郡故城在今蘭州廣武縣之西南來歙率諸將擊羌於五谿大破之續漢志曰隴西襄武縣有五谿聚庚寅車駕還宮是歲省定襄郡定襄故城在今勝州界徙其民於西河郡名今石州離石縣泗水王歙薨淄川王終薨

十一年春二月己卯詔曰天地之性人為貴其殺奴婢不得減罪

己酉，幸南陽，還幸章陵，祠園陵，城陽王祉冢。庚午，車駕還宮。閏月，征南大將軍岑彭率三將軍與公孫述將田戎、任滿戰於荆門，大破之，獲任滿。威虜將軍馮駿圍田戎於江州（縣名，屬巴郡，今渝州巴縣），岑彭遂率舟師伐公孫述，平巴郡。夏四月丁卯，省大司徒司直官（漢官儀曰：武帝置丞相司直，元壽二年改丞相爲大司徒，司直仍舊，今省）。先零羌寇臨洮（縣名，屬隴西郡，故城在今岷州）。六月，中郎將來歙率揚武將軍馬成破公孫述將王元、環安於下辯（縣名，屬武都郡，今成州同谷縣，舊名武衛城）。安遣閒人刺殺中郎將來歙（閒，謀也，謂伺候閒隙也）。帝自將征公孫述。秋七月，次長安（左傳例曰：凡師出，一宿爲舍，再宿爲信，過信爲次）。八月，岑彭破公孫述將侯丹於黃石（卽黃石灘也。水經注曰：江水自涪陵東出百里而届於黃石，在今涪州涪陵縣）。輔威將軍臧宮與公孫述將延岑戰於沈水，大破之（水經注曰：沈水出廣漢縣，下入涪水。本或作沉水及沅水者，並非）。王元降。至自長安。癸亥，詔曰：「敢炙灼奴婢，論如律，免所炙灼者爲庶民。」冬十月壬午，詔除奴婢射傷人弃市律。公孫述遣閒人刺殺征南大將軍岑彭。馬成平武都，因隴西

太守馬援擊破先零羌徙致天水隴西扶風十二月大司馬吳漢
率舟師伐公孫述是歲省朔方牧并并州（朔方郡在今夏州朔方縣北上并音必政反）初斷州
牧自還奏事（前書音義曰刺史每歲盡則入奏事京師今斷之哀帝改刺史曰州牧）
十二年春正月大司馬吳漢與公孫述將史興戰於武陽斬之（武陽縣屬犍爲郡故城在今眉州隆山縣東也）三月癸酉詔隴蜀民被略爲奴婢自訟者及獄官
未報一切免爲庶民夏甘露降南行唐（縣名屬常山郡今恒州縣）六月黃龍見東阿（今濟州縣）秋七月威虜將軍馮峻拔江州獲田戎九月吳漢大破公孫述
將謝豐於廣都斬之（廣都今益州）輔威將軍臧宮拔涪城斬公孫恢（涪城今綿州縣也恢述之弟）大司空李通罷冬十一月戊寅吳漢臧宮與公孫述戰於成
都大破之述被創夜死辛巳吳漢屠成都夷述宗族及延岑等（廣雅曰夷猶滅也）十二月辛卯揚武將軍馬成行大司空事是歲九眞徼外蠻
夷張遊率種人內屬（九眞今愛州縣）封爲歸漢里君省金城郡屬隴西參狠

羌寇武都 武都今武州也 參音所今反 隴西太守馬援討降之詔邊吏力不足戰則守追虜料敵不拘以逗留法 說文曰逗留止也前書音義曰逗是曲行避敵也漢法軍行逗留畏慄者斬追虜或近或遠量敵進退不拘以軍法直取勝敵爲務也逗古住字 橫野大將軍王常薨遣驃騎大將軍杜茂將衆郡施刑屯北邊 施讀曰弛弛解也前書音義曰謂有赦令去其鉗釱赭衣謂之弛刑 築亭候 亭候伺候望敵之所前書曰秦法十里一亭亭有長漢因之不改 修烽燧 前書音義曰邊方備警急作高土臺臺上作桔皐桔皐頭有兜零以薪草置其中常低之有寇卽燃火舉之以相告曰烽又多積薪寇至卽燔之望其烟曰燧晝則燔燧夜迺舉烽廣雅曰兜零籠也

十三年春正月庚申大司徒侯霸薨戊子詔曰往年已敕郡國異味不得有所獻御今猶未止非徒有豫養導擇之勞 豫養謂未至獻時豫前養之導亦擇也 至迺煩擾道上疲費過所其令太官勿復受 續漢志曰太官令一人秩六百石掌御膳飲食 明敕下以遠方口實所以薦宗廟自如舊制 漢官儀曰口實膳羞之事也 二月遣捕虜將軍馬武屯滹沱河以備匈奴盧芳自五原亡入匈奴丙辰詔曰長沙王興眞定王得河間王邵中山王茂皆襲爵爲王不應經義 以其

服屬既疏不當襲爵爲王其以興爲臨湘侯臨湘縣今潭州長沙縣得爲眞定侯邵爲樂成侯樂成縣故城在今瀛州樂府縣西北茂爲單父侯今宋州縣音善甫其宗室及絕國封侯者凡一百三十七人丁巳降趙王良爲趙公太原王章爲齊公魯王興爲魯公庚午以殷紹嘉公孔安爲宋公周承休公姬常爲衛公省并西京十三國廣平屬鉅鹿眞定屬常山河間屬信都城陽屬琅邪泗水屬廣陵淄川屬高密膠東屬北海六安屬廬江廣陽屬上谷據此惟有九國云十三誤也三月辛未沛郡太守韓歆爲大司徒丙子行大司空馬成罷夏四月大司馬吳漢自蜀還京師於是大饗將士班勞策勳班布也謂徧布勞來之其有功者以策書紀其勳也勞音力到反功臣增邑更封凡三百六十五人其外戚恩澤封者四十五人罷左右將軍官前書曰左右將軍周官也秦漢因之至此罷建威大將軍耿弇罷益州傳送公孫述瞽師郊廟樂器葆車輿輦於是法物始備瞽無目之人也爲樂師取其無所見於音聲審也郊廟之器罇彝之屬也樂器鐘磬之屬葆車謂上建羽葆也合聚五采羽名爲葆輿者車之總名也輦者駕人以行法物謂大駕鹵簿儀式也時草創未暇今得

（之始備）時兵革既息天下少事文書調役務從簡寡（調謂發也）至迺十存一焉

甲寅冀州牧竇融爲大司空五月匈奴寇河東秋七月廣漢徼外白馬羌豪率種人內屬（廣漢今益州雒縣也徼猶塞也音吉弔反羌有百五十四種在廣漢西北者爲白馬羌）九月日南徼外蠻夷獻白雉白兔（日南郡屬交州）冬十二月甲寅詔益州民自八年已來被略爲奴婢者（謂公孫述時也）皆一切免爲庶民或依託爲人下妻欲去者恣聽之敢拘留者比青徐二州以略人法從事復置金城郡（前年省并隴西）

十四年春正月起南宮前殿匈奴遣使奉獻使中郎將報命（中郎將劉襄也）夏四月辛巳封孔子後志爲褒成侯（平帝封孔均爲褒成侯志均子也古今志曰志時爲密令）越巂人任貴自稱太守遣使奉計（越巂郡武帝置本邛都也巂水名因越巂水而置郡故以名焉計謂人庶名籍若今計帳）秋九月平城人賈丹殺盧芳將尹由來降（平城屬鴈門郡今雲州定襄縣也）是歲會稽大疫（會稽今越州縣）莎車國鄯善國遣使奉獻（莎車鄯善並西域國名鄯音市戰反）十二月癸卯詔益涼二

州奴婢自八年以來自訟在所官一切免爲庶民賣者無還直十五年春正月辛丑大司徒韓歆免自殺事見侯霸傳丁未有星孛於昴汝南太守歐陽歙爲大司徒建義大將軍朱祜罷丁未有星孛於營室二月徙鴈門代郡上谷三郡民置常關居庸關以東前書曰代郡有常山關上谷郡居庸縣有關時胡寇數犯邊故徙之初巴蜀既平大司馬吳漢上書請封皇子不許重奏連歲三月迺詔群臣議大司空融固始侯通膠東侯復高密侯禹太常登等奏議曰古者封建諸侯以藩屏京師藩籬也屏蔽也詩大雅曰介人維藩大邦維屏毛萇注曰當用公卿諸侯爲藩屏也公羊傳曰京者何大也師者何衆也天子之居必有衆大之辭言之周封八百史記曰唐虞協和萬國逮于夏商或數千蓋周封八百也同姓諸姬並爲建國左傳曰虞虢焦滑霍楊韓魏皆姬姓也夾輔王室尊事天子享國永長爲後世法故詩云大啓爾宇爲周室輔詩魯頌也宇居也周成王封周公子伯禽於魯言大開爾居以爲我周家之輔高祖聖德光有天下亦務親親封立兄弟諸子不違舊章陛下德橫天地興復宗統襃德賞勳親睦九族孔安國注尚書云九族謂上至高祖下至玄孫功臣宗

室咸蒙封爵多受廣地或連屬縣今皇子賴天能勝衣趨拜陛下
恭謙克讓抑而未議群臣百姓莫不失望宜因盛夏吉時定號位
以廣藩輔禮記月令天子孟夏迎夏於南郊還迺封諸侯行爵出祿明親親尊宗廟重社稷應古合舊厭
塞眾心臣請大司空上輿地圖廣雅曰輿載也言載在地者皆圖畫之司空掌土地故令上之太常擇吉日
具禮儀制曰可夏四月戊申以太牢告祠宗廟丁巳使大司空融
告廟封皇子輔爲右翊公英爲楚公陽爲東海公康爲濟南公蒼
爲東平公延爲淮陽公荆爲山陽公衡爲臨淮公焉爲左翊公京
爲琅邪公癸丑追謚兄伯升爲齊武公兄仲爲魯哀公六月庚午
復致屯騎長水射聲三校尉官七年罷改青巾左校尉爲越騎校尉詔
下州郡檢覈墾田頃畝墾闢也及戸口年紀又考實二千石長吏阿枉
不平者冬十一月甲戌大司徒歐陽歙下獄死十二月庚午關內
侯戴涉爲大司徒盧芳自匈奴入居高柳是歲驃騎大將軍杜茂

免虎牙大將軍蓋延薨

十六年春二月交阯女子徵側反略有城邑三月辛丑晦日有蝕之秋九月河南尹張伋及諸郡守十餘人坐度田不實皆下獄死東觀記曰刺史太守多爲詐巧不務實核苟吕度田爲名聚人田中并度廬屋里落聚人遮道啼呼郡國大姓及兵長群盜處處並起攻劫在所害殺長吏郡縣追討到則解散去復屯結青徐幽冀四州尤甚冬十月遣使者下郡國聽群盜自相糾擿擿猶發也音它狄反五人共斬一人者除其罪吏雖逗留回避故縱者皆勿問聽吕禽討爲效其牧守令長坐界內盜賊而不收捕者又吕畏愞捐城委守者皆不吕爲負委守謂弃其所守也但取獲賊多少爲殿最殿後也謂課居後也最凡要之首也言課居先也唯蔽匿者迺罪之於是更相追捕賊並解散徙其魁帥於它郡賦田受稟使安生業自是牛馬放牧邑門不閉盧芳遣使乞降十二月甲辰封芳爲代王初王莽亂後貨幣雜用布帛金粟是歲始行五

銖錢武帝始爲五銖錢王莽時廢今始行之

十七年春正月趙公良薨二月乙亥晦日有食之東觀記曰上㠯日食避正殿讀圖讖多御座廡下淺露中風發疾苦眩甚左右有白大司馬史病苦如此不能動搖自強從公出乘㠯車行數里病差四月二日車駕宿偃師病差數日入南陽界到葉㠯車騎省留數日行黎陽兵馬千餘匹遂到章陵起居平愈夏四月乙卯南巡狩皇太子及右翊公輔楚公英東海公陽濟南公康東平公蒼從幸潁川進幸葉章陵葉縣故楚葉公邑屬南郡今許州縣也葉音式涉反五月乙卯車駕還宮六月癸巳臨淮公衡薨秋七月妖巫李廣等群起據皖城縣名屬廬江郡故城在今舒州有皖水音下板反遣虎賁中郎將馬援驃騎將軍段志討之九月破皖城斬李廣等冬十月辛巳廢皇后郭氏爲中山太后立貴人陰氏爲皇后進右翊公輔爲中山王食常山郡本恒山郡避文帝諱改爲常山故城在今趙州元氏縣西其餘九國公皆即舊封進爵爲王甲申幸章陵修園廟祠舊宅觀田廬置酒作樂賞賜時宗室諸母因酣悅相與語曰文叔少時謹信與人不款曲唯直柔耳今迺能如此帝聞之大笑

曰吾理天下亦欲以柔道行之迺悉爲舂陵宗室起祠堂有五鳳皇見於潁川之郟縣郟今汝州郟城縣也東觀記曰鳳高八尺五彩羣鳥並從行列蓋地數頃停一十七日十二月至自章陵是歲莎車國遣使貢獻

十八年春二月蜀郡守將史歆叛遣大司馬吳漢率二將軍討之圍成都甲寅西巡狩幸長安三月壬午祠高廟遂有事十一陵歷馮翊界進幸蒲坂祠后土漢官儀曰祭地於河東汾陰后土宮宮曲入河古之祭地澤中方丘也以夏至日祭其禮儀如祭天蒲坂縣屬河東郡后土祠在今蒲州汾陰縣西北夏四月甲戌車駕還宮癸酉詔曰今邊郡盜穀五十斛罪至於死開殘吏妄殺之路其蠲除此法同之內郡遣伏波將軍馬援率樓船將軍段志等擊交阯賊徵側等戊申幸河內戊子至自河內五月旱盧芳復亡入匈奴秋七月吳漢拔成都斬史歆等壬戌赦益州所部殊死已下冬十月庚辰幸宜城縣屬南郡楚之鄢邑也故城在今襄州率道縣南還祠章陵十二月乙丑車駕還宮是歲罷州牧置刺史武帝元封五年

初置部刺史掌奉詔條察州秩六百石員十三人成帝綏和元年更名牧秩二千石哀帝建平二年復爲刺史元壽二年復爲牧經王莽變革至建武元年復置牧今改置刺史

十九年春正月庚子追尊孝宣皇帝曰中宗始祠昭帝元帝於太廟漢官儀曰光武弟雖十二於父子之次於成帝爲兄弟於哀帝爲諸父於平帝爲祖父皆不可爲之後上至元帝於光武爲父故上繼元帝而爲九代故河圖云赤九會昌謂光武也然則宣帝爲曾祖故追尊及祠之成帝哀帝平帝於長安舂陵節侯㠯下四世於章陵妖巫單臣傅鎮等反據原武太中大夫臧宮圍之夏四月拔原武斬臣鎮等伏波將軍馬援破交阯斬徵側等因擊破九眞賊都陽等降之閏月戊申進趙齊魯三國公爵爲王六月戊申詔曰春秋之義立子㠯貴公羊傳曰立嫡㠯長不㠯賢立子㠯貴不㠯長桓公何㠯貴母貴也母貴則子貴子㠯母貴母㠯子貴東海王陽皇后之子宜承大統皇太子彊崇執謙退願備藩國父子之情重久違之其㠯彊爲東海王立陽爲皇太子改名莊秋九月南巡狩壬申幸南陽進幸汝南南頓縣舍置酒會賜吏人復南頓田租歲父老前叩頭言皇考居此日久陛下識知寺舍蔡邕獨斷曰陛階陛也與天子言不敢指斥故云陛下風俗通曰寺

司也諸官府所止皆曰寺光武嘗從皇考至南頓故識知官府寺舍每來輒加厚恩願賜復十年帝曰天下重器常恐不任日復一日安敢遠期十歲乎吏人又言陛下實惜之何言謙也帝大笑復增一歲進幸淮陽梁沛西南夷寇益州郡常璩華陽國志云武帝元封二年叟夷反將軍郭昌討平之因開爲益州郡故城在今昆州晉寧縣是也遣武威將軍劉尚討之越巂太守任貴謀叛十二月劉尚襲貴誅之是歲復置函谷關都尉九年省今復置修西京宮室

二十年春二月戊子車駕還宮夏四月庚辰大司徒戴涉下獄死古今注曰坐入故太倉令奚涉罪大司空竇融免五月辛亥大司馬吳漢薨匈奴寇上黨天水遂至扶風六月庚寅廣漢太守蔡茂爲大司徒太僕朱浮爲大司空壬辰左中郎將劉隆爲驃騎將軍行大司馬事武帝省太尉置大司馬將軍成帝賜金印紫綬置官屬祿比丞相哀帝去將軍位在司徒上見前書乙未徙中山王輔爲沛王秋東夷韓國人率衆詣樂浪內附東夷有辰韓卞韓馬韓謂之三韓國也冬十月東巡狩甲午幸魯進

幸東海楚沛國十二月匈奴寇天水壬寅車駕還宮是歲省五原郡徙其吏人置河東復濟陽縣傜役六歲

二十一年春正月武威將軍劉尚破益州夷平之夏四月安定屬國胡叛屯聚青山（青山在今慶州馬嶺縣西北）遣將兵長史陳訢討平之（訢音欣）秋鮮卑寇遼東遼東太守祭肜大破之冬十月遣伏波將軍馬援出塞擊烏桓不克匈奴寇上谷中山其冬鄯善王車師王等十六國皆遣子入侍奉獻願請都護（都護宣帝置始吕鄭吉爲之秩比二千石都總也言總護南北道居烏壘城察西域諸國動靜吕聞事見前書）帝吕中國初定未遑外事迺還其侍子厚加賞賜

二十二年春閏月丙戌幸長安祠高廟遂有事十一陵二月己巳至自長安夏五月乙未晦日有食之秋七月司隸校尉蘇鄴下獄死九月戊辰地震裂制詔曰日者地震南陽尤甚夫地者任物至重靜而不動者也而今震裂咎在君上鬼神不順無德災殃將及

吏人朕甚懼焉其令南陽勿輸今年田租芻藁遣謁者案行其死罪繫囚在戊辰已前減死罪一等徒皆弛解鉗衣絲絮弛解脱也倉頡篇曰鉗鈦也音奇炎反前書音義曰鈦足鉗也音徒計反又大盖反舊法在徒役者不得衣絲絮今赦許之　賜郡中居人壓死者棺錢人三千其口賦逋稅而廬宅尤破壞者勿收責漢儀注曰人年十五至五十六出賦錢人百二十爲一算又七歲至十四出口錢人二十以供天子至武帝時又口加三錢以補車騎馬逋稅謂欠田租也　吏人死亡或在壞垣毀屋之下而家羸弱不能收拾者其以見錢穀取傭爲尋求之冬十月壬子大司空朱浮免癸丑光祿勳杜林爲大司空是歲齊王章薨青州蝗匈奴薁鞬日逐王比薁音於六反鞬音紀言反比其名也遣使詣漁陽請和親使中郎李茂報命烏桓擊破匈奴匈奴北徙幕南地空前書音義曰沙土曰幕卽今磧也　詔罷諸邊郡亭候吏卒

二十三年春正月南郡蠻叛遣武威將軍劉尚討破之徙其種人於江夏郡名故城在今安州雲夢縣東南　夏五月丁卯大司徒蔡茂薨秋八月丙戌大

司空杜林薨九月辛未陳留太守玉況爲大司徒況字文伯京兆人玉音肅冬十月丙申太僕張純爲大司空高句驪率種人詣樂浪內屬十二月武陵蠻叛寇掠郡縣遣劉尚討之戰於沅水武陵郡今朗州也沅水名出牂柯東北過臨沅縣至長沙入洞庭湖尚軍敗歿是歲匈奴薁鞬日逐王比率部曲遣使詣西河內附

二十四年春正月乙亥大赦天下匈奴薁鞬日逐王比遣使款五原塞求扞禦北虜秋七月武陵蠻寇臨沅縣名屬武陵郡故城在今朗州武陵縣遣謁者李嵩中山太守馬成討蠻不克於是伏波將軍馬援率四將軍討之詔有司申明舊制阿附蕃王法武帝時有淮南衡山之謀作左官之律設附益之法前書音義曰人道尚右言捨天子仕諸侯爲左官左僻也阿曲附益王侯者將有重法是爲舊制今更申明之冬十月匈奴薁鞬日逐王比自立爲南單于於是分爲南北匈奴

二十五年春正月遼東徼外貊人貊人濊貊國人也貊音陌寇右北平漁陽上谷太原遼東太守祭肜招降之烏桓大人來朝大人謂渠帥也南單于遣使詣闕

貢獻奉藩稱臣又遣其左賢王擊破北匈奴却地千餘里三月南單于遣子入侍戊申晦日有食之伏波將軍馬援等破武陵蠻於臨沅冬十月叛蠻恐降夫餘王遣使奉獻夫餘國在海東去玄菟千餘里是歲烏桓大人率衆內屬詣闕朝貢

二十六年春正月詔有司增百官奉續漢志曰大將軍三公奉月三百五十斛秩中二千石奉月百八十斛二千石月百二十斛比二千石月百斛千石月九十斛比千石月八十斛六百石月七十斛比六百石月五十五斛四百石月五十斛比四百石月四十五斛三百石月四十斛比三百石月三十七斛二百石月三十斛比二百石月二十七斛百石月十六斛斗食月十一斛佐史月八斛凡諸受奉錢穀各半奉音扶用反其千石已上減於西京舊制六百石已下增於舊秩初作壽陵初作陵未有名故號壽陵蓋取久長之義也漢自文帝已後皆預作陵今循舊制也將作大匠竇融上言園陵廣袤無慮所用前書曰將作少府秦官掌宮室景帝改為大匠秩二千石說文曰南北曰袤東西曰廣廣雅曰無慮都凡也謂請園陵都凡制度也袤音茂帝曰古者帝王之葬皆陶人瓦器木車茅馬禮曰塗車芻靈自古有之鄭玄注云芻靈束茅為人馬也使後世之人不知其處太宗識終始之義景帝能述遵孝道遭天下反覆而霸陵獨完受其福豈不美哉謂赤

眉入長安惟霸陵不掘今所制地不過二三頃無爲山陵陂池裁令流水而已言不起山陵裁令封土陂池不停水而已陂音普何反池音徒何反遣中郎將段郴授南單于璽綬令入居雲中郡名在今勝州北郴音丑林反始置使匈奴中郎將將兵衛護之中郎將即段郴也漢官儀曰使匈奴中郎將屯西河美稷縣也南單于遣子入侍奉奏詣闕於是雲中五原朔方北地定襄鴈門上谷代八郡民歸於本土遣謁者分將施刑補理城郭施與弛同解見上發遣邊民在中國者布還諸縣皆賜以裝錢轉輸給食東觀記曰時城郭丘墟埽地更爲上悔前徙之二十七年夏四月戊午大司徒玉況薨五月丁丑詔曰昔契作司徒禹作司空皆無大名其令二府去大朱祐奏宜令三公並去大名以法經典帝從其議又改大司馬爲太尉驃騎大將軍行大司馬劉隆即日罷以太僕趙憙爲太尉大司農馮勤爲司徒益州郡徼外蠻夷率種人內屬北匈奴遣使詣武威乞和親武威郡故城在今涼州姑臧縣西北故涼城是也冬魯王興齊王石始就國二十八年春正月己巳徙魯王興爲北海王以魯國益東海賜東

海王彊虎賁旄頭鍾虡之樂（漢官儀曰虎賁千五百人戴鶡尾屬虎賁中郎將又云舊選羽林爲旄頭被髮先驅魏文帝列異傳曰秦文公時梓樹化爲牛以騎擊之騎不勝或墮地髻解被髮牛畏之入水故秦因是置旄頭騎使先驅爾雅曰木謂之虡所以懸鐘磬也說文曰虡飾爲猛獸）夏六月丁卯沛太后郭氏薨因詔郡縣捕王侯賓客坐死者數千人（時更始子鯉因沛獻王輔殺劉盆子兄恭故王侯賓客多坐死）秋八月戊寅東海王彊沛王輔楚王英濟南王康淮陽王延始就國冬十月癸酉詔死罪繫囚皆一切募下蠶室（蠶室宮刑獄名有刑者畏風須暖作窨室蓄火如蠶室因以名焉窨音一禁反見前書音義）其女子宮（謂幽閉也）北匈奴遣使貢獻乞和親

二十九年春二月丁巳朔日有食之遣使者舉冤獄出繫囚庚申賜天下男子爵人二級鰥寡孤獨篤癃貧不能自存者粟人五斛

夏四月乙丑詔令天下繫囚自殊死已下及徒各減本罪一等其餘贖罪輸作各有差

三十年春正月鮮卑大人內屬朝賀二月東巡狩甲子幸魯進幸濟南閏月癸丑車駕還宮有星孛于紫宮夏四月戊子徙左翊王

焉爲中山王五月大水賜天下男子爵人二級鰥寡孤獨篤癃貧不能自存者粟人五斛秋七月丁酉幸魯國復濟陽縣是年傜役

冬十一月丁酉至自魯

三十一年夏五月大水戊辰賜天下男子爵人二級鰥寡孤獨篤癃貧不能自存者粟人六斛癸酉晦日有食之是夏蝗秋九月甲辰詔令死罪繫囚皆一切募下蠶室其女子宫是歲陳留雨穀形如稗實杜預注左傳云稗草之似穀者音蒲懈反北匈奴遣使奉獻

中元元年春正月東海王彊沛王輔楚王英濟南王康淮陽王延趙王盱皆來盱音況于反丁卯東巡狩二月己卯幸魯進幸太山北海王興齊王石朝于東嶽辛卯柴望岱宗登封太山甲午禪于梁父岱宗太山也梁父太山下小山也封謂聚土爲壇墠謂除地而祭改墠爲禪神之也續漢志曰時上御輦升山卽位於壇南北面尚書令奉玉牒檢皇帝㠯寸三分璽親封之藏玉牒已復石覆訖尚書令㠯五寸印封石檢畢皇帝再拜禪祭地於梁陰㠯高后配山川羣神從祀焉其玉牒文秘刻石文辭多不載三月戊辰司空張純薨夏四

月癸酉車駕還宮己卯大赦天下復嬴博梁父奉高四縣屬太山郡故城在今兖州博城縣界勿出今年田租芻藁改年爲中元行幸長安戊子祀長陵五月乙丑至自長安六月辛卯太僕馮魴爲司空乙未司徒馮勤薨是夏京師醴泉涌出尚書中候曰俊乂在官則醴泉出也飲之者固疾皆愈惟眇蹇者不瘳又有赤草生於水崖赤草朱草也大戴禮曰朱草日生一葉至十五日已後日落一葉周而復始郡國頻上甘露群臣奏言地祇靈應而朱草萌生孝經援神契曰德至草木則朱草生孝宣帝每有嘉瑞輒㠯改元神爵五鳳甘露黃龍列爲年紀蓋㠯感致神祇表彰德信是㠯化致升平稱爲中興今天下清寍靈物仍降陛下情存損挹推而不居豈可使祥符顯慶没而無聞宜令太史撰集太史史官之長也前書音義曰太史公武帝置位在丞相之上㠯傳來世帝不納常自謙無德每郡國所上輒抑而不當故史官罕得記焉秋郡國三蝗冬十月辛未司隸校尉東萊李訢爲司徒甲申使司空告祠高廟曰高皇帝與群臣約非劉氏不

王呂太后賊害三趙謂高帝子趙幽王友趙恭王恢趙隱王如意專王呂氏賴社稷之靈祿產
伏誅呂產呂祿並呂后兄弟子呂后崩各擁南北軍欲爲亂周勃陳平等誅之天命幾墜危朝更安呂太后不宜配
食高廟同祧至尊薄太后母德慈仁薄太后高帝姬孝文帝之母孝文皇帝賢明臨
國子孫賴福延祚至今其上薄太后尊號曰高皇后配食地祇遷
呂太后廟主于園四時上祭園謂塋域也於中置寢十一月甲子晦日有食之
是歲初起明堂靈臺辟雍及北郊兆域大戴禮云明堂者凡九室一室有四戶八牖三十六戶七十二牖以茅蓋上上
員下方赤綴戶也白綴牖也禮圖又曰建武三十一年作明堂上員下方十二堂法日辰九室法
九州室八窗八九七十二法一時之王室有十二戶法陰陽之數胡伯始云古清廟蓋以茅今蓋
以瓦下藉茅存古制也漢官儀曰明堂四面起土作塹上作橋塹中無水明堂去平城門二里所
天子出從平城門先歷明堂迺至郊祀又曰辟雍去明堂三百步車駕臨辟雍從北門入三月九
月皆於中行鄉射禮辟雍以水周其外以節觀者諸侯曰泮宮東西南有水北無下天子也漢宮
閣疏曰靈臺高三丈十二門天子曰靈臺諸侯曰觀臺漢官儀北郊壇在城西北角去城一里所
謂方壇四陛但存壇祠舍而已其鼓吹樂及舞人御帳皆從南郊之具地祇位
南面西上高皇后配西面皆在壇上地理羣神從食壇下南郊焚犢北郊埋犢宣布圖讖於
天下復濟陽南頓是年傜役參狼羌寇武都敗郡兵隴西太守劉
盱遣軍救之及武都郡兵討叛羌皆破之

二年春正月辛未，初立北郊，祀后土。東夷倭奴國王遣使奉獻。倭在帶方東南大海中，依山島爲國。二月戊戌，帝崩於南宮前殿，年六十二。伏侯古今注曰：是歲在丁巳。遺詔曰：「朕無益百姓，皆如孝文皇帝制度，務從約省。文帝葬皆以瓦器，不以金銀銅錫爲飾，因其山，不起墳。刺史、二千石長吏皆無離城郭，無遣吏及因郵奏。」說文曰：郵，境上行書舍也。

初，帝在兵間久，厭武事，且知天下疲耗，思樂息肩。左傳曰：息肩于晉。自隴、蜀平後，非儆急，未嘗復言軍旅。皇太子嘗問攻戰之事，帝曰：「昔衞靈公問陳，孔子不對，此非爾所及。」論語：衞靈公問陳於孔子，曰：「俎豆之事則嘗聞之矣，軍旅之事未之學也。」每旦視朝，日仄迺罷。數引公卿郎將講論經理，夜分迺寐。分猶半也。皇太子見帝勤勞不怠，承間諫曰：「陛下有禹湯之明，而失黃老養性之福，黃帝、老子。願頤愛精神，優游自寧。」帝曰：「我自樂此，不爲疲也。」雖身濟大業，兢兢如不及，故能明慎政體，總攬權綱，量時度力，舉無過事。退功臣而進文吏，戢弓矢而散馬牛，雖道未方古，斯亦止戈之武焉。左傳曰：於文，止戈爲武也。

論曰皇考南頓君初爲濟陽令㠯建平元年十二月甲子夜生光武於縣舍（蔡邕光武碑文云光武將生皇考㠯令舍不顯開宫後殿居之而生）有赤光照室中（東觀記曰光照堂中盡明如晝）欽異焉使卜者王長占之長辟左右（辟音頻亦反）曰此兆吉不可言是歲縣界有嘉禾生一莖九穗因名光武曰秀明年方士有夏賀良者上言哀帝云漢家歷運中衰當再受命於是改號爲太初元年稱陳聖劉太平皇帝㠯厭勝之及王莽篡位忌惡劉氏㠯錢文有金刀故改爲貨泉或㠯貨泉字文爲白水眞人後望氣者蘇伯阿爲王莽使至南陽遥望見春陵郭唶曰（唶歎也音子夜反）氣佳哉鬱鬱葱葱然及始起兵還春陵遠望舍南火光赫然屬天有頃不見初道士西門君惠李守等亦云劉秀當爲天子其王者受命信有符乎不然何㠯能乘時龍而御天哉（易曰時乘六龍㠯御天）

贊曰炎正中微大盗移國（漢㠯火德王故曰炎正大盗謂王莽篡位也莊子曰田成子一日殺齊君而盗其國向所謂智者不反爲大盗積者

平

九縣飆回三精霧塞九縣九州也飆回謂亂也三精日月星也霧塞言昏昧也精或爲象八厭淫詐神思反德光武誕命靈貺自甄誕大也書曰誕膺天命甄明也靈貺謂佳氣神光之類也沈幾先物深略緯文幾者動之微也物事也沈深之幾先見於事也謚法經緯天地曰文尋邑百萬貔虎爲群貔執夷虎屬也書曰如虎如貔言其猛勇也長轂雷野高鋒彗雲長轂兵車雷野言其聲盛淮南子曰雷以爲車輿彗埽也音詳銳反英威既振新都自焚王莽初封爲新都侯史記曰周武王伐紂紂衣其寶玉自焚而死莽雖被殺滅亡與紂同故假以言之虔劉庸代紛紜梁趙虔劉皆殺也左傳曰虔劉我邊垂謂公孫述稱帝於庸蜀盧芳據代郡也紛紜喻亂也梁謂劉永趙謂王郎也三河未澄四關重擾三河河南河北河東也未澄謂朱鮪等據洛州未歸光武也四關謂長安四塞之國重擾謂更始已定關中劉盆子入關殺更始發掘諸陵也神旌迺顧遞行天討周禮曰析羽爲旌稱神者猶言神兵神算也詩云迺眷西顧書云天討有罪也金湯失險車書共道前書曰金城湯池不可攻矣金以喻堅湯取其熱光武所擊皆失其險固也禮記曰天下車同軌書同文靈慶既啓人謀咸贊靈慶謂符讖也左傳曰天啓之也人謀謂群下勸即尊號也易曰人謀鬼謀百姓與能贊助也明明廟謨赳赳雄斷詩曰明明天子淮南子曰運籌於廟堂之上決勝千里之外赳赳武貌也於赫有命系隆我漢於赫歎美之詞音烏詩云有命既集系猶繫也

光武帝紀第一下

後漢書一

顯宗孝明帝紀第二　　後漢書二

唐章懷太子賢注

顯宗孝明皇帝諱莊諡法曰照臨四方曰明伏侯古今注曰莊之字曰嚴光武第四子也母陰皇后帝生而豐下杜預注左傳云豐下蓋面方也東觀記云帝豐下兌上項赤色有似於堯十歲能通春秋光武奇之建武十五年封東海公十七年進爵爲王十九年立爲皇太子師事博士桓榮學通尚書中元二年二月戊戌即皇帝位年三十尊皇后曰皇太后三月丁卯葬光武皇帝於原陵帝王紀曰原陵方三百二十步高六丈在臨平亭東南去洛陽十五里有司奏上尊廟曰世祖夏四月丙辰詔曰予未小子奉承聖業夙夜震畏不敢荒寧先帝受命中興德侔帝王協和萬邦假於上下假至也音格懷柔百神惠於鰥寡懷安也柔和也禮曰凡山林能興雲致雨者皆曰神有天下者祭百神懷柔百神也書曰惠於鰥寡朕承大運繼體守文創基之主則尚武功以定禍亂其次繼體而立者則守文德穀梁傳曰承明繼體則守文之君也不知稼穡之艱難懼有廢失聖恩遺戒顧重天下以元元爲首公卿百僚

將何㠯輔朕不逮其賜天下男子爵人二級前書音義曰男子者謂戶內之長也商鞅爲秦制爵二十級一
公士二上造三簪裊四不更五大夫六官大夫七公大夫八公乘九五大夫十左庶長十一右庶長十二左更十三中更十四右更十五少上造十六大上造十七駟車庶長十八大庶長十九關
內侯二十徹侯人賜爵者有罪得贖貧者得賣與人三老孝悌力田人三級三老孝悌力田三者皆鄉官之名三老高帝置孝悌力田高后置所
以勸導鄉里助成風化也文帝詔曰孝悌天下之大順也力田爲生之本也三老衆人之師也其以戶口率置員事見前書爵過公乘得移與子若
同產同產子漢制賜爵自公士已上不得過公乘故過者得移授也同產同母兄弟也及流人無名數欲自占者
人一級無名數謂無文簿也占謂自歸首也鰥寡孤獨篤癃衆人十斛其施刑及郡國徒
在中元元年四月己卯赦前所犯而後捕繫者悉免其刑又邊人
遭亂爲內郡人妻在己卯赦前一切遣還邊恣其所樂中二千石
下至黃綬漢制二百石以上銅印黃綬也貶秩贖論者悉皆復秩還贖方今上無天子
下無方伯公羊傳曰上無天子下無方伯此制引以爲謙也若涉淵水而無舟楫夫萬乘至重而
壯者慮輕帝謙言年尚少壯思慮輕淺故須賢人輔弼實賴有德左右小子賴恃也左右助也高密侯禹
元功之首東平王蒼寬博有謀竝可㠯受六尺之託臨大節而不

橈（六尺謂年十五已下大節謂大事橈屈也音女孝反）其以禹為太傅，蒼為驃騎將軍。太尉憙告諡南郊，（趙憙也。應劭風俗通曰：「禮，臣子無爵諡君父之義也，故羣臣累其功美，葬日遣太尉於南郊告天而諡之。」）司徒訢奉安梓宮，（李訢也。梓宮以梓木為棺。風俗通曰：「宮者，存時所居，緣生事死，因以為名。」）司空魴將校復土。（馮魴也。將校謂將領五校兵以穿壙也。前書音義曰：「復土，主穿壙填墓事也。言下棺訖，復以土為墳，故言復土。」）其封憙為節鄉侯，訢為安鄉侯，魴為楊邑侯。秋九月，燒當羌寇隴西，敗郡兵於允街。（允街，縣名也。允音鉛，街音佳，屬金城郡，故城在今涼州昌松縣東南，城臨麗水，一名麗水城。）赦隴西囚徒，減罪一等，勿收今年租調；又所發天水三千人，亦復是歲更賦。（更謂戍卒更相代也。賦謂雇更之錢也。前書音義曰：「更有三品，有卒更，有踐更，有過更。古正卒無常人，皆當迭為之，有一月一更，是為卒更。貧者欲得雇更錢，次直者出錢雇之，月二千，是為踐更。古者天下人皆當戍邊三日，亦名為更，不可人人自行三日戍，當行者不可往即還，因住一歲，次直者出錢六百雇之，謂之過更。」）遣謁者張鴻討叛羌於允吾，（允吾，縣名，屬金城郡，故城在今蘭州廣武縣西南。允音鉛，吾音牙。）鴻軍大敗，戰歿。冬十一月，遣中郎將竇固監捕虜將軍馬武等二將軍討燒當羌。十二月甲寅，詔曰：「方春戒節，人以耕桑。其勅有司務順時氣，使無煩擾。（禮記：「孟春之月，布德和令，行慶施惠。仲春無作大事，以妨農事。」）天下亡命殊死以下，聽得贖論：死罪入縑二十匹，右

後漢二　十二

趾至髡鉗城旦舂十匹前書音義曰右趾謂刖其右足次刖左足次劓次黥次髡鉗爲城旦舂城旦者晝日伺寇虜夜暮築長城舂者婦人犯罪不任軍役之事但令舂以食徒者完城旦舂至司寇作三匹完者謂不加髡鉗而築城也次鬼薪白粲次隸臣妾次作司寇其未發覺詔書到先自告者半入贖今選舉不實邪佞未去權門請託殘吏放手放手謂貪縱爲非也百姓愁怨情無告訴有司明奏罪名并正舉者舉非其人并正舉主之罪又郡縣每因徵發輕爲姦利詭責羸弱先急下貧其務在均平無令枉刻

永平元年春正月帝率公卿已下朝於原陵如元會儀漢官儀曰古不墓祭秦始皇起寢於墓側漢因而不改諸陵寢皆以晦望二十四氣三伏社臘及四時上飯其親陵所宮人隨鼓漏理被枕具盥水陳莊具天子以正月上原陵公卿百官及諸侯王郡國計吏皆當軒下占其郡國穀價四方改易欲先帝魂魄聞之也元會儀見下夏五月太傅鄧禹薨戊寅東海王彊薨遣司空馮魴持節視喪事賜升龍旄頭鑾輅龍旂旄頭見光武紀鑾鈴也在鑣交龍爲旂唯天子用之今特賜以葬六月乙卯葬東海恭王秋七月捕虜將軍馬武等與燒當羌戰大破之募士卒戍隴右賜錢人三萬八月戊子徙山陽王荊爲廣陵

王遣就國是歲遼東太守祭彤使鮮卑擊赤山烏桓大破之斬其渠帥赤山在遼東西北數千里越巂姑復夷叛姑復縣名州郡討平之

二年春正月辛未宗祀光武皇帝於明堂帝及公卿列侯始服冠冕衣裳玉佩絇屨以行事漢官儀曰天子冠通天諸侯王冠遠遊三公諸侯冠進賢三梁卿大夫尚書二千石博士冠兩梁二千石已下至小吏冠一梁天子公卿特進諸侯祀天地明堂皆冠平冕天子十二旒三公九卿諸侯七其纓各如其綬色玄衣纁裳周禮曰王祀昊天上帝則服大裘而冕祀五帝亦如之三禮圖曰冕以三十升布漆而爲之廣八寸長尺六寸前圓後方前下後高有俛伏之形故謂之冕欲人之位彌高而志彌下故以名焉董巴輿服志曰顯宗初服冕衣裳以祀天地衣裳以玄上纁下乘輿備文日月星辰十二章三公諸侯用山龍九章卿已下用華蟲七章皆五色采乘輿刺繡公卿已下皆織成陳留襄邑獻之徐廣車服注曰漢明帝案古禮備其服章天子郊廟衣皁上絳下前三幅後四幅衣畫而裳繡禮記曰古之君子必佩玉君子於玉比德焉天子佩白玉諸侯佩山玄玉大夫佩水蒼玉世子佩瑜玉周禮屨人掌王赤舄青絇鄭玄注云赤舄爲上冕服之舄也絇屨頭以青綵飾之絇音劬三禮圖曰屨複下曰舄其色各隨裳色禮畢登靈臺使尚書令持節詔驃騎將軍三公曰今令月吉日宗祀光武皇帝於明堂以配五帝五經通義曰蒼帝靈威仰赤帝赤熛怒黃帝含樞紐白帝白招矩黑帝叶光紀牲幣及玉各依方色禮備法物樂和八音詠祉福舞功德祉亦福也詠謂詩云降福穰穰之類景帝詔曰歌者所以發德舞者所以明功其班時令勑羣后班布也時令謂月令也四時各有令若有乖舛必致妖災故告之事畢升

靈臺望元氣吹時律觀物變元氣天氣也王者承天心理禮樂通上下四時之氣也故望之焉時律者即月令孟春律中太蔟仲春律中夾鍾之類大戴禮曰聖人截十二管察八音之淸濁謂之律呂律呂不正則諸氣不和周禮保章氏以五雲之色辨吉凶水旱豐荒之祲象鄭司農注云以二至二分觀雲色靑爲蟲白爲喪赤爲兵荒黑爲水黃爲豐故春秋傳曰凡分至啓閉必書雲物爲備故也杜預注云物謂氣色災變也羣僚藩輔宗室子孫衆郡奉計百蠻貢職奉計謂計吏也詩曰因時百蠻百言衆多也獨言蠻通四夷烏桓濊貊咸來助祭單于侍子骨都侯亦皆陪位斯固聖祖功德之所致也朕以闇陋奉承大業親執圭璧恭祀天地周禮曰四圭尺有二寸以祀天又曰以蒼璧禮天以黃琮禮地以靑圭禮東方以赤璋禮南方以白琥禮西方以玄璜禮北方仰惟先帝受命中興撥亂反正以寧天下撥理也公羊傳曰撥亂世反之正莫近於春秋封泰山建明堂立辟雍起靈臺恢弘大道被之八極淮南子曰九州之外有八寅八寅之外有八紘八紘之外有八極而胤子無成康之質羣臣無呂旦之謀明帝自謂無成康之時刑措不用四十餘年盥洗進爵踧踖惟慙鄭玄注論語云踧踖敬恭貌盥音管素性頑鄙臨事益懼故君子坦蕩蕩小人長戚戚坦蕩明達之貌戚戚常憂懼也其令天下自殊死已下謀反大逆皆除之百僚師尹其勉修厥職順行時令敬若昊天以綏兆人若順也三月臨

辟雍初行大射禮儀禮曰大射之禮王將祭射宮擇士以助祭也張虎侯熊侯豹侯其中一丈八尺畫以雲氣焉王以六耦射三侯樂以騶虞九節諸侯以四耦射二侯樂以貍首七節孤卿大夫以三耦射一侯樂以采蘋五節士以二耦射豻侯樂以采蘩三節秋九月沛王輔楚王英濟南王康淮陽王延東海王政來朝冬十月壬子幸辟雍初行養老禮詔曰光武皇帝建三朝之禮而未及臨饗三朝之禮謂中元元年初起明堂辟雍靈臺也眇眇小子屬當聖業尚書康王曰眇眇予末小子孔安國注云眇眇猶微微也間暮春吉辰初行大射令月元日東觀記曰十月元日復踐辟雍尊事三老兄事五更安車輭輪供綏執授侯王設醬公卿饌珍朕親袒割執爵而酳孝經援神契曰尊事三老父象也宋均注曰老人知天地之事者安車坐乘之車輭輪以蒲裹輪輭音而兗反三老就車天子親執綏授之說文綏車中把也五更老人知五行更代事者漢官儀曰三老五更皆取有首妻男女全具者續漢志曰養三老五更先吉日司徒上太傅若講師故三公人名用其德行年耆高者三公一人爲三老次卿一人爲五更皆服絺紵大袍單衣皂緣領袖中衣冠進賢扶王杖五更亦如之不杖皆齋于太學講堂其日乘輿先到辟雍禮殿坐于東廂遣使者安車迎三老五更天子迎於門屏交拜導自阼階三老自賓階升東面三公設几杖九卿正履天子親袒割俎執醬而饋執爵而酳五更南面三公進供禮亦如之明日皆詣闕謝以其於己禮隆也醬醢也珍謂肴羞之屬卽周禮八珍之類鄭玄注儀禮云酳漱也所以潔口音胤祝哽在前祝噎在後老人食多哽咽故置人於前後祝之令其不哽噎也升歌鹿鳴下管新宮鹿鳴詩小雅篇名也新宮小雅逸篇

也升登也登堂而歌所以重人聲也燕禮曰升歌鹿鳴下管新宮八佾具脩萬舞於庭佾列也謂舞者行列也左氏傳曰天子八佾諸侯六大夫四士
二大舞所以節八音而行八風故自八以下萬亦舞也詩云公庭萬舞朕固薄德何以克當易陳負乘詩刺彼己
易曰負且乘致寇至負也者小人之事也乘也者君子之器也小人而乘君子之器盜思奪之矣詩曰彼己之子不稱其服也永念慚疚無忘厥心三
老李躬年耆學明五更桓榮授朕尚書詩曰無德不報無言不酬
詩大雅也其賜榮爵關內侯食邑五千戶三老五更皆以二千石祿養終
厥身其賜天下三老酒人一石肉四十斤有司其存耆耋禮記曰六十曰耆七
十曰耋釋名曰耆指也不從力役指事使人也耋鐵也皮膚變黑色如鐵也恤幼孤惠鰥寡稱朕意焉中山王焉始
就國甲子西巡狩幸長安祠高廟遂有事於十一陵歷覽館邑會
郡縣吏勞賜作樂十一月甲申遣使者以中牢祠蕭何霍光帝謁
陵園過式其墓東觀漢記曰蕭何墓在長陵東司馬門道北百步又云霍光墓在茂陵東司馬門道南四里式敬也禮記曰行過墓必式進幸河
東所過賜二千石令長已下至於掾史各有差續漢志曰郡國及縣諸曹皆置掾史癸卯
車駕還宮十二月護羌校尉竇林下獄死是歲始迎氣於五郊續漢

書曰迎氣五郊之兆四方之兆各依其位中央之兆在未壇皆三尺立春之日迎春於東郊祭青帝句芒車服皆青歌青陽八佾舞雲翹之舞立夏之日迎夏於南郊祭赤帝祝融車服皆赤歌朱明八佾舞雲翹之舞先立秋十八日迎黃靈於中兆祭黃帝后土車服皆黃歌朱明八佾舞雲翹育命之舞立秋之日迎秋於西郊祭白帝蓐收車服皆白歌白藏八佾舞育命之舞立冬之日迎冬於北郊祭黑帝玄冥車服皆黑歌玄冥八佾舞育命之舞少府陰就子豐殺其妻酈邑公主就坐自殺酈縣屬南陽郡酈音櫟

三年春正月癸巳詔曰朕奉郊祀登靈臺見史官正儀度儀謂渾儀以銅爲之置於靈臺王者正天文之器也度謂日月星辰之行度也史官卽太史掌天文之官也夫春者歲之始也始得其正則三時有成正謂日月五星不失其次也三時謂春夏秋左傳曰務其三時比者水旱不節邊人食寡政失於上人受其咎有司其勉順時氣勸督農桑去其螟蜮已及蟊賊爾雅曰食苗心曰螟食節曰賊食根曰蟊蜮一名短狐今之水弩含沙射人爲災言此者欲令臣下順時行政勿侵擾也詳刑愼罰明察單辭單辭猶偏辭也夙夜匪懈以稱朕意二月甲寅太尉趙憙司徒李訢免丙辰左馮翊郭丹爲司徒己未南陽太守虞延爲太尉甲子立貴人馬氏爲皇后皇子炟音丁達反爲皇太子賜天下男子爵人二級三老孝悌力田

人三級流人無名數欲占者人一級鰥寡孤獨篤癃貧不能自存者粟人五斛夏四月辛酉封皇子建爲千乘王（千乘國名今青州縣故城在今淄州高苑北）羨爲廣平王六月丁卯有星孛于天船北（天船星名續漢志曰天船爲水彗出之爲大水是歲伊洛水溢到津城門伏侯古今注曰彗長三尺所見三十五日乃去）秋八月戊辰改大樂爲大予樂（尚書琁璣鈐曰有帝漢出德洽作樂名予故據琁璣鈐改之漢官儀曰大予樂令一人秩六百石）壬申晦日有蝕之詔曰朕奉承祖業無有善政日月薄蝕彗孛見天水旱不節稼穡不成人無宿儲下生愁墊（儲積也墊溺也音丁念反）雖夙夜勤思而智能不逮昔楚莊無災已致戒懼（說苑曰楚莊王見天不見妖而地不出孽則禱于山川曰天其忘余歟此能求過于天必不逆諫矣）魯哀禍大天不降譴（春秋感精符曰魯哀公時政彌亂絕不日食政亂之類當致日食之變而不應者譴之何益告之不悟故哀公之篇絕無日食之異）今之動變儻尚可救有司勉思厥職已匡無德古者卿士獻詩百工箴諫（國語曰天子聽政公卿至于庶士獻詩師箴百工諫庶人傳語近臣盡規而後王斟酌事焉）其言事者靡有所諱冬十月蒸祭光武廟（禮記曰冬祭曰蒸蒸衆也冬物畢成可祭者衆）初奏文始五行武德之舞（前書曰文始舞者本舜韶舞也高祖六年更名曰文始其舞人執羽籥五行者本周舞也秦始皇二十六年更名曰五行其舞人冠冕衣服法五行）

色武德者高祖四年作言行武以除亂也其舞人執干戚光武草創禮樂未備今始奏之故云初也甲子車駕從皇太后幸章陵觀舊廬十二月戊辰至自章陵是歲起北宮及諸官府京師及郡國七大水

四年春二月辛亥詔曰朕親耕藉田以祈農事禮記曰天子親耕于東郊爲藉田千畝冕而朱紘躬秉耒耜五經要義曰天子藉田以供上帝之粢盛所以先百姓而致孝敬也藉蹈也言親自蹈履于田而耕之續漢志云正月始耕既事告祠先農漢舊儀曰先農即神農炎帝也祠以太牢百官皆從皇帝親執耒耜而耕天子三推三公五推卿十大夫十二士庶人終畝乃致藉田倉置令丞以給祭天地宗廟以爲粢盛京師冬無宿雪春不燠沐燠暖也音於六反沐潤澤也言無暄潤之氣也煩勞羣司積精禱求積精猶儲積也說文云告事求福曰禱而比再得時雨宿麥潤澤其賜公卿半奉有司勉遵時政務平刑罰秋九月戊寅千乘王建薨冬十月乙卯司徒郭丹司空馮魴免丙辰河南尹范遷爲司徒太僕伏恭爲司空十二月陵鄉侯梁松下獄死坐縣飛書誹謗

五年春二月庚戌驃騎將軍東平王蒼罷歸藩琅邪王京就國冬

十月，行幸鄴，與趙王栩會鄴。常山三老言於帝曰：「上生於元氏，願蒙優復。」詔曰：「豐、沛、濟陽，受命所繇，加恩報德，適其宜也。今永平之政，百姓怨結，而吏人求復，令人愧笑，重逆此縣之拳拳，重，難也。拳拳，猶勤勤也。禮記曰：「得一善則拳拳服膺而不息。」其復元氏縣田租更賦六歲，勞賜縣掾史及門闌走卒。」續漢志曰：「五伯、鈴下、侍閣、門闌、部署、街里走卒，皆有程品，多少隨所典領。」至自鄴。十一月，北匈奴寇五原。十二月，寇雲中，南單于擊却之。是歲，發遣邊人在內郡者，賜裝錢人二萬。

六年春正月，沛王輔、楚王英、東平王蒼、淮陽王延、琅邪王京、東海王政、趙王盱、北海王興、齊王石來朝。二月，王雒山出寶鼎，雒或作雄。廬江太守獻之。夏四月甲子，詔曰：「昔禹收九牧之金，鑄鼎以象物，使人知神姦，不逢惡氣。夏禹之時，令遠方圖畫山川奇異之物，使九州之牧貢金，鑄鼎以象之，令人知鬼神百物之形狀而備之，故人入山林川澤，魑魅罔兩莫能逢之。惡氣謂罔兩之類。事見左傳。遭德則興，遷于商周；周德既衰，鼎迺淪亡。史記曰：「周鼎亡入泗水中。秦始皇過彭城，齋戒欲出周鼎於泗水，使千人沒水求之，不得。」祥瑞之降，以應有德。方今政化多僻，何以致茲？

易曰鼎象三公易曰鼎折足覆公餗豈公卿奉職得其理邪太常其以礿祭之日禮記曰夏祭曰礿音藥礿薄也夏物未成祭尚薄陳鼎於廟以備器用賜三公帛五十匹九卿二千石半之先帝詔書禁人上事言聖而閒者章奏頗多浮詞自今若有過稱虛譽尚書皆宜抑而不省示不爲諂子蚩也冬十月行幸魯祠東海恭王陵會沛王輔楚王英濟南王康東平王蒼淮南王延琅邪王京東海王政十二月還幸陽城遣使者祠中岳壬午車駕還宫東平王蒼琅邪王京從駕來朝皇太后

七年春正月癸卯皇太后陰氏崩二月庚申葬光烈皇后秋八月戊辰北海王興薨是歲北匈奴遣使乞和親

八年春正月己卯司徒范遷薨漢官儀曰遷字子閭沛人也三月辛卯太尉虞延爲司徒衛尉趙憙行太尉事遣越騎司馬鄭衆報使北匈奴初置度遼將軍屯五原曼栢武帝拜范明友爲度遼將軍至此復置焉以中郎將吴常行度遼將軍曼柏縣在今勝州銀城縣秋郡國十

四雨水冬十月北宮成丙子臨辟雍養三老五更禮畢詔三公募郡國中都官死罪繫囚減罪一等勿笞詣度遼將軍營屯朔方五原之邊縣妻子自隨便占著邊縣占著謂附名籍父母同產欲相代者恣聽之其大逆無道殊死者一切募下蠶室亡命者令贖罪各有差凡徙者賜弓弩衣糧壬寅晦日有食之既既盡也詔曰朕以無德奉承大業而下貽人怨上動三光日食之變其災尤大春秋圖讖所謂至譴春秋感精符曰人主含天光據璣衡齊七政操八極故君明聖天道得正則日月光明五星有度日明則道正不明則政亂故常戒以自敕厲日食皆象君之進退爲盈縮當春秋撥亂日食三十六故曰至譴也永思厥咎在予一人羣司勉修職事極言無諱於是在位者皆上封事各言得失宣帝始令羣臣得奏封事以知下情封有正有副領尚書者先發副封所言不善屏而不奏後魏相奏去副封以防擁蔽帝覽章深自引咎迺以所上班示百官詔曰羣僚所言皆朕之過人冤不能理吏黠不能禁而輕用人力繕修宮宇出入無節喜怒過差昔應門失守關雎刺世春秋說題辭曰人主不正應門失守故歌關雎以感之宋均注曰應門聽政之處也言不以政事爲

務則有宣淫之心關雎樂而不淫思得賢人與之共化修應門之政者也薛君韓詩章句曰詩人言雎鳩貞潔慎匹以聲相求隱蔽于無人之處故人君退朝入于私宮后妃御見有度應門擊柝鼓人上堂退反宴處體安志明今時大人內傾于色賢人見其萌故詠關雎說淑女正容儀以刺時飛蓬隨風微子所歎管子曰無儀法程式飛搖而無所定謂之飛蓬飛蓬之問明王不聽此言微子未詳永覽前戒竦然兢懼徒恐薄德久而致怠耳北匈奴寇西河諸郡

九年春三月辛丑詔郡國死罪囚減罪與妻子詣五原朔方占著所在死者皆賜妻父若男同產一人復終身其妻無父兄獨有母者賜其母錢六萬又復其口算口算已見光武紀夏四月甲辰詔郡國以公田賜貧人各有差令司隸校尉部刺史歲上墨綬長吏視事三歲已上理狀尤異者各一人與計偕上偕俱也所徵之人令與計吏俱上及尤不政理者亦以聞是歲大有年穀梁傳曰五穀皆熟書大有年爲四姓小侯開立學校置五經師袁宏漢紀曰永平中崇尚儒學自皇太子諸王侯及功臣子弟莫不受經又爲外戚樊氏郭氏陰氏馬氏諸子弟立學號四姓小侯置五經師以非列侯故曰小侯禮記曰庶方小侯亦其義也

十年春二月廣陵王荊有罪自殺國除夏四月戊子詔曰昔歲五

後漢二

穀登衍鄭玄注周禮云五穀黍稷麥麻尗也登成也衍饒也音以戰反今茲蠶麥善收其大赦天下方盛夏長養之時蕩滌宿惡吕報農功百姓勉務桑稼吕備災害吏敬厥職無令愆墮閏月甲午南巡狩幸南陽祠章陵日北至又祠舊宅北至夏至也禮畢召校官弟子作雅樂奏鹿鳴校學也鹿鳴詩小雅篇名宴羣臣嘉賓之詩帝自御塤篪和之吕娛嘉賓鄭玄注周禮云塤燒土爲之大如鴈子鄭衆曰有六孔世本曰暴辛公作篪以竹爲之長尺四寸有八孔還幸南頓勞饗三老官屬冬十一月徵淮陽王延會平輿縣名屬汝南郡故城在今豫州汝陽縣東北輿音預徵沛王輔會睢陽十二月甲午車駕還宮

十一年春正月沛王輔楚王英濟南王康東平王蒼淮陽王延中山王焉琅邪王京東海王政來朝秋七月司隸校尉郭霸下獄死是歲漅湖出黃金廬江太守吕獻漅湖湖名音子小反在今廬州合肥縣東南時麒麟白雉醴泉嘉禾所在出焉

十二年春正月益州徼外夷哀牢王相率內屬於是置永昌郡罷

益州西部都尉〔西南夷傳曰罷益州西部所領六縣合爲永昌郡置哀牢博南二縣去洛陽七千里在今匡州匡川縣西〕夏四月遣將作謁者王吳修汴渠自滎陽至于千乘海口〔汴渠卽莨蕩渠也汴自滎陽首受河所謂石門在滎陽山北一里過汴以東積石爲隄亦號金隄成帝陽嘉中所作也〕五月丙辰賜天下男子爵人二級三老孝悌力田人三級流民無名數欲占者人一級鰥寡孤獨篤癃貧無家屬不能自存者粟人三斛詔曰昔曾閔奉親竭歡致養〔曾參字子輿閔損字子騫並孔子弟子皆有孝行也〕仲尼葬子有棺無椁〔論語曰鯉也死有棺而無椁〕喪貴致哀禮存寧儉今百姓送終之制競爲奢靡生者無擔石之儲而財力盡於墳土〔前書音義曰擔音丁濫反言一石之儲方言作甔云甔罃也齊東北海岱之間謂之甔郭璞注曰所謂家無甔石之儲者也埤蒼曰大甖也字或作儋音丁甘反〕伏臘無糟糠而牲牢兼於一奠〔史記曰秦德公始爲伏祠歷忌曰伏者何也金氣伏藏之日也四氣代謝皆以相生至于立秋以金代火金畏于火故庚日必伏月令孟冬之月臘先祖說文云臘冬至後祭百神始皇更臘曰嘉平奠喪祭也〕糜破積世之業以供終朝之費子孫飢寒絕命於此豈祖考之意哉又車服制度恣極耳目田荒不耕游食者衆〔游食謂浮食者〕有司其申明科禁宜於今者宣下郡國秋七月乙亥司空伏

恭罷乙未大司農牟融爲司空冬十月司隷校尉王康下獄死是歲天下安平人無傜役歲比登稔百姓殷富粟斛三十牛羊被野

十三年春二月帝耕於藉田禮畢賜觀者食三月河南尹薛昭下獄死夏四月汴渠成辛巳行幸滎陽巡行河渠乙酉詔曰自汴渠決敗六十餘歲（王景傳曰平帝時汴河決壞）加頃年已來雨水不時汴流東侵日月益甚水門故處皆在河中漭瀁廣溢莫測圻岸（圻堺也）蕩蕩極望不知綱紀今兗豫之人多被水患乃曰縣官不先人急好興它役又或曰爲河流入汴幽冀蒙利故曰左隄彊則右隄傷左右俱彊則下方傷宜任水埶所之使人隨高而處公家息壅塞之費百姓無陷溺之患議者不同南北異論朕不知所從久而不決今旣築隄理渠絕水立門河汴分流復其舊迹陶丘之北漸就壤墳（爾雅曰丘再成曰陶丘上孫炎曰形如累兩盂也郭璞曰今濟陰定陶城中有陶丘也尚書曰厥土惟黑壤下土墳壚孔安國曰無塊曰壤墳起也）故薦嘉玉絜牲以禮

河神禮記曰凡祭玉曰嘉玉儀禮曰絜牲剛鬣東過洛汭歎禹之績水北曰汭洛汭洛水入河處也績功也河洛皆禹所加功故歎之今五土之宜反其正色周禮曰山林川澤丘陵墳衍原隰謂之五土也色謂其黃白青黑之類孔安國曰水所去土復其性也濱渠下田賦與貧人無令豪右得固其利濱近也豪右大家也庶繼世宗瓠子之作瓠子隄名也武帝元封二年發卒數萬人塞瓠子決河沈白馬玉璧令羣臣皆負薪塡河在今濮州濮陽縣西也因遂度河登太行進幸上黨壬寅車駕還宮冬十月壬辰晦日有食之三公免冠自劾制曰冠履勿劾災異屢見咎在朕躬憂懼遑遑未知其方將有司陳事多所隱諱使君上壅蔽下有不暢乎昔衞有忠臣靈公得守其位論語孔子曰衞靈公無道季康子曰夫如是奚其不喪孔子曰仲叔圉治賓客祝它主宗廟王孫賈主軍旅夫如是奚其喪今何以和穆陰陽消伏災譴刺史太守詳刑理冤存恤鰥孤勉思職焉十一月楚王英謀反廢國除遷於涇縣涇縣屬丹陽郡今宣州縣故城在縣東有涇水出蕪湖因水立名所連及死徙者數千人是歲齊王石薨

十四年春三月甲戌司徒虞延免自殺夏四月丁巳鉅鹿太守南

陽邢穆爲司徒（穆字綏公宛人）前楚王英自殺夏五月封故廣陵王荆子元壽爲廣陵侯初作壽陵

十五年春二月庚子東巡狩辛丑幸偃師詔亡命自殊死已下贖死罪縑四十匹右趾至髡鉗城旦舂十匹完城旦至司寇五匹犯罪未發覺詔書到日自告者半入贖徵沛王輔會睢陽進幸彭城癸亥帝耕于下邳三月徵琅邪王京會良成（良成縣名屬東海故城在今泗州下邳縣北）徵東平王蒼會陽都（陽都縣名屬琅邪郡故城在今沂州沂水縣南）又徵廣陵侯及其三弟會魯祠東海恭王陵還幸孔子宅祠仲尼及七十二弟子親御講堂（孔子宅在今兖州曲阜縣故魯城中歸德門內闕里之中背洙面泗矍相圃之東北也七十二弟子顏閔之徒漢春秋曰帝時升廟立羣臣中庭北面皆再拜帝進爵而後坐）命皇太子諸王說經又幸東平（東平國名故城在今鄆州縣）辛卯進幸大梁（大梁城魏惠王所築故城在今汴州）至定陶祠定陶恭王陵（恭王元帝子康）夏四月庚子車駕還宮改信都爲樂成國臨淮爲下邳國封皇子恭爲鉅鹿王黨爲樂成王衍爲下邳王暢爲汝南

王昞爲常山王長爲濟陰王（濟陰郡今曹州）賜天下男子爵人三級郎從官二十歲已上帛百匹十歲已上二十匹十歲已下十匹官府吏五匹書佐小史三匹令天下大酺五日（前書音義曰漢律三人已上無故羣飲罰金四兩今恩詔橫賜得令聚會飲食五日酺布也言天子布恩於天下史記趙惠文王三年大赦置酒大酺五日）乙巳大赦天下其謀反大逆及諸不應宥者皆赦除之冬車騎校獵上林苑（周禮校人掌王田獵之馬故曰校獵謂以木相貫穿爲欄校以遮禽獸）十二月遣奉車都尉竇固駙馬都尉耿秉屯涼州（前書曰奉車都尉掌乘輿駙馬都尉掌天子之副馬駙副也並武帝置秩二千石）

十六年春二月遣大僕祭肜出高闕（高闕山名因以名塞在朔方北）奉車都尉竇固出酒泉駙馬都尉耿秉出居延（本匈奴地名也武帝因以名縣屬張掖郡在今甘州張掖縣東北）騎都尉來苗出平城伐北匈奴竇固破呼衍王於天山（呼衍匈奴王號天山即祁連山一名雪山今名折羅漢山在伊州北祁音時）留兵屯伊吾盧城（本匈奴中地名既破呼衍即其地置宜禾都尉以爲屯田今伊州納職縣伊吾故城是也）耿秉來苗祭肜並無功而還夏五月淮陽王延謀反發覺癸丑司徒邢穆駙馬

都尉韓光坐事下獄死所連及誅死者甚眾坐與延同謀戊午晦日有食之六月丙寅大司農西河王敏爲司徒漢官儀曰敏字叔公并州隰城人也秋七月淮陽王延徙封阜陵王阜陵縣名屬九江郡故城在今滁州全椒縣南九月丁卯詔令郡國中都官死罪繫囚減死罪一等勿笞詣軍營屯朔方敦煌妻子自隨父母同產欲求從者恣聽之女子嫁爲人妻勿與俱謀反大逆無道不用此書是歲北匈奴寇雲中雲中太守廉范擊破之

十七年春正月甘露降於甘陵北海王睦薨二月乙巳司徒王敏薨三月癸丑汝南太守鮑昱爲司徒是歲甘露仍降樹枝內附仍頻也內附謂木連理也前書終軍曰眾枝內附是無外也芝草生殿前神雀五色翔集京師西南夷哀牢儋耳僬僥槃木白狼動黏諸種前後慕義貢獻山海經曰周僥國在三首國東爲人短小冠帶一名僬僥國語曰僬僥氏三尺短之至也楊孚異物志曰儋耳南方夷生則鏤其頰皮連耳匡分爲數支狀如雞腸纍纍垂至肩西域諸國遣子入侍夏五月戊子公卿百官以帝威德懷遠祥物顯應迺並集朝堂奉觴

上壽壽者人之所欲故卑下奉觴進酒皆言上壽制曰天生神物以應王者遠人慕化實繇有德朕以虛薄何以享斯唯高祖光武聖德所被不敢有辭其敬舉觴太常擇吉日策告宗廟其賜天下男子爵人二級三老孝悌力田人三級流人無名數欲占者人一級鰥寡孤獨篤癃貧不能自存者粟人三斛郎從官視事十歲以上者帛十匹中二千石二千石下至黃綬貶秩奉贖在去年以來皆還贖秋八月丙寅令武威張掖酒泉敦煌張掖郡故匈奴昆邪王地也漢官儀曰張國臂掖故曰張掖故城在今甘州張掖縣西北及張掖屬國繫囚右趾已下任兵者任堪也皆一切勿治其罪詣軍營冬十一月遣奉車都尉竇固駙馬都尉耿秉騎都尉劉張出敦煌昆侖塞昆侖山名因以爲塞在今肅州酒泉縣西南山有昆侖之體故名之周穆王見西王母于此山有石室王母臺擊破白山虜於蒲類海上遂入車師西河舊事曰白山冬夏有雪故曰白山匈奴謂之天山過之皆下馬拜焉去蒲類海百里之內初置西域都護戊己校尉宣帝初置鄭吉爲都護護三十六國秩比二千石元帝置戊己校尉有丞司馬各一人秩比六百石戊己中央也鎮覆四方見漢官儀亦處西域鎮撫諸國是歲改天水爲漢

陽郡

十八年春三月丁亥，詔曰：其令天下亡命自殊死已下贖，死罪縑三十匹，右趾至髡鉗城旦舂十匹，完城旦至司寇五匹；吏人犯罪未發覺，詔書到自告者，半入贖。夏四月己未，詔曰：自春已來，時雨不降，宿麥傷旱，秋種未下，政失厥中，憂懼而已。其賜天下男子爵人二級，及流民無名數欲占者人一級；鰥、寡、孤、獨、篤癃、貧不能自存者粟，人三斛。理冤獄，錄輕繫。二千石分禱五嶽四瀆。郡界有名山大川能興雲雨者，周禮職方氏掌天下之地，揚州其山曰會稽，其川曰三江；荊州其山曰衡山，其川曰江漢；豫州其山曰華，其川曰滎洛；青州其山曰沂山，其川曰淮泗；兗州其山曰岱山，其川曰河泲；雍州其山曰嶽，其川曰涇汭；幽州其山曰醫無閭，其川曰河泲；冀州其山曰霍，其川曰漳；并州其山曰恒，其川曰滹沱。此謂九州名山大川也。長吏各絜齋禱請，冀蒙嘉澍。說文曰：時雨所以澍生萬物。淮南子曰：春雨之灌萬物，無地不澍，無物不生。澍音之戍反。六月己未，有星孛于太微。焉耆、龜茲攻西域都護陳睦，悉沒其衆。北匈奴及車師後王圍戊己校尉耿恭。秋八月壬子，帝崩於東宮前殿。

年四十八遺詔無起寢廟藏主於光烈皇后更衣別室禮藏主於廟既不起寢廟故藏於后之易衣別室更易也帝初作壽陵制令流水而已石槨廣一丈二尺長二丈五尺無得起墳東觀記曰陵東北作廡長三丈五步外爲小廚財足祠祀萬年之後埽地而祭杅水脯糒而已說文曰杅飲器音于方言曰盌謂之盂說文曰糒乾飯也過百日唯四時設奠置吏卒數人供給灑埽勿開修道敢有所興作者以擅議宗廟法從事前書曰擅議宗廟者棄市帝遵奉建武制度無敢違者後宮之家不得封侯與政東觀記曰光武閔傷前代權臣太盛外戚與政上濁明主下危臣子后族陰郭之家不過九卿親屬榮位不能及許史王氏之半耳館陶公主光武女爲子求郎不許而賜錢千萬謂羣臣曰郎官上應列宿出宰百里史記曰太微宮後二十五星郎位也苟非其人則民受其殃是以難之故吏稱其官民安其業遠近肅服戶口滋殖焉

論曰明帝善刑理法令分明日晏坐朝幽枉必達內外無倖曲之私在上無矜大之色斷獄得情號居前代十二十斷其二言少刑也故後之言

事者莫不先建武永平之政而鍾離意宋均之徒常以察慧爲言並見本傳夫豈弘人之度未優乎

贊曰顯宗丕承業業兢兢危心恭德政察姦勝危心言常危懼姦勝猶勝奸佞備章朝物省薄墳陵朝物謂朝儀文物也永懷廢典下身遵道廢典謂明堂辟雍之禮歷於漢不行下身謂進爵授綬之類登臺觀雲臨雍拜老懋惟帝績增光文考懋勉也書曰惟我文考光于四海

顯宗孝明帝紀第二

後漢書二

肅宗孝章帝紀第三　後漢書三

唐章懷太子賢注

肅宗孝章皇帝諱炟顯宗第五子也 諡法曰溫克令儀曰章伏侯古今注曰炟之字曰著音丁達反 母賈貴人永平三年立爲皇太子少寬容好儒術顯宗器重之十八年八月壬子即皇帝位年十九尊皇后曰皇太后壬戌葬孝明皇帝于顯節陵 帝王紀曰顯節陵方三百步高八丈其地故富壽亭也西北去洛陽三十七里 冬十月丁未大赦天下賜民爵人二級爲父後及孝悌力田人三級脫無名數及流人欲占者人一級爵過公乘得移與子若同產子鰥寡孤獨篤癃貧不能自存者粟人三斛詔曰朕以眇身託于王侯之上統理萬機懼失厥中兢兢業業未知所濟深惟守文之主必建師傅之官詩不云乎不愆不忘率由舊章 詩大雅也鄭玄云愆過也率循也由用也言成王之令德不過誤不違失皆循用舊典文章謂周公之禮法 行太尉事節鄉侯憙三世在位爲國元老 趙憙光武時爲太尉明帝時行太尉事故曰三代在位元長也詩曰方叔元老 司空

融融牟融典職六年勤勞不怠其㠯憙爲太傅融爲太尉竝錄尚書
事武帝初以張子儒領尚書事錄尚書事由此始三事大夫莫肯夙夜小雅之所傷也詩雨無正之文也三事三公也
鄭玄注云幽王在外三公及諸侯隨而行者皆無復君臣之禮不肯晨夜省王予違汝弼汝無面從尚書益稷之文也孔安國注云我違道汝當以義輔
正我無面從我股肱之正義也羣后百僚勉思厥職各貢忠誠㠯輔不逮申
勑四方稱朕意焉十一月戊戌蜀郡太守第五倫爲司空詔征西
將軍耿秉屯酒泉酒泉今肅州縣也前書音義曰城下有泉其味若酒因名酒泉也遣酒泉太守段彭救戊
已校尉耿恭甲辰晦日有食之於是避正殿寢兵不聽事五日詔
有司各上封事十二月癸巳有司奏言孝明皇帝聖德淳茂劬勞
日昃身御浣衣日昃日昳尚書曰文王自朝至于日中昃不遑暇食食無兼珍澤臻四表尚書曰光被四表遠
人慕化僬僥儋耳款塞自至款扣僬僥儋耳解見明紀克伐鬼方開道西域鬼方遠方易曰
高宗伐鬼方三年克之威靈廣被無思不服㠯烝庶爲憂不㠯天下爲樂備三雍
之教躬養老之禮作登歌正予樂博貫六蓺周禮保氏教之六蓺一曰禮二曰樂三曰射四曰馭五曰書六

曰數前書藝文志曰以禮樂春秋易詩書爲六藝博貫謂究極深幽耳不含晝夜聰明淵塞著在圖讖河圖曰圖出代九天開明受用嗣興十代以光又括地象曰十代禮樂文雅並出謂明帝也至德所感通於神明功烈光於四海仁風行於千載而深執謙謙自稱不德無起寢廟埽地而祭除日祀之法春秋外傳曰日祭月祀時享祖禰則日祭高曾則月祀三祧則時享今此除日祀之法從時月之祭省送終之禮遂藏主於光烈皇后更衣別室天下聞之莫不悽愴陛下至孝烝烝奉順聖德臣愚以爲更衣在中門之外處所殊別宜尊廟曰顯宗其四時禘祫於光武之堂間祀悉還更衣續漢書曰五年再殷祭三年一祫五年一禘父爲昭南向子爲穆北向禘以夏四月祫以冬十月禘之爲言諦諦審昭穆尊卑之義祫者合也冬十月五穀成故骨肉合飲食於祖廟謂之殷祭四時正祭外有五月嘗麥三伏立秋嘗粢盛酎十月嘗稻等謂之閒祀即各於更衣之殿更衣者非正處也園中有寢有便殿寢者陵上正殿便殿寢側之別殿即更衣也共進武德之舞如孝文皇帝祫祭高廟故事前書高廟奏武德文始五行之舞制曰可是歲牛疫京師及三州大旱詔勿收兗豫徐州田租芻稾其以見穀賑給貧人

建初元年春正月詔三州郡國方春東作恐人稍受稟往來煩劇

或妨耕農（稟給也稍爲少少給之不頓與）其各實覈尤貧者計所貸并與之（并音必政反）流人欲歸本者郡縣其實稟令足還到聽過止官亭無雇舍宿長吏親躬無使貧弱遺脫小吏豪右得容姦妄（前書曰百石已下有斗食佐史之秩言小吏也）詔書既下勿得稽留刺史明加督察尤無狀者（無狀謂其罪惡尤大其狀無可寄言故云無狀它皆類此）丙寅詔曰比年牛多疾疫墾田減少穀價頗貴人以流亡方春東作宜及時務二千石勉勸農桑弘致勞來羣公庶尹各推精誠專急人事罪非殊死須立秋案驗有司明慎選舉進柔良退貪猾順時令理冤獄五教在寬帝典所美（五教謂父義母慈兄友弟恭子孝也尚書舜典曰汝作司徒敬敷五教在寬）愷悌君子大雅所歎（愷樂悌易也詩大雅泂酌篇曰愷悌君子人之父母）布告天下使明知朕意酒泉太守段彭討擊車師大破之罷戊己校尉官二月武陵澧中蠻叛（武陵郡今澧州水經曰澧水出武陵充縣西歷山之北也）三月甲寅山陽東平地震己巳詔曰朕以無德奉承大業夙夜慄慄不敢荒寧（孔安國注尚書曰不敢荒怠自安寧）而災異仍見與政相應朕既不

明涉道日寡，又選舉乖實，俗吏傷人，官職耗亂，刑罰不中，可不憂與！昔仲弓季氏之家臣，子游武城之小宰，孔子猶誨以賢才，問以得人。論語仲弓爲季氏宰問政子曰赦小過舉賢才子游爲武城宰孔子謂之曰汝得人焉耳乎明政無大小，以得人爲本。夫鄉舉里選，必累功勞。今刺史守相不明眞僞，茂才孝廉歲以百數，既非能顯，而當授之政事，甚無謂也。每尋前世舉人貢士，或起畎畝，不繫閥閱。說文曰畎田中之溝音工犬反史記曰明其等曰閥積其功曰閱言前代舉人務取賢才不拘門地敷奏以言，則文章可採；明試以功，則政有異迹。敷陳奏進也令各陳進其言則知其能否也尚書曰敷奏以言明試以功則政之類文質彬彬，朕甚嘉之。彬彬雜半之貌其令太傅、三公、中二千石、二千石、郡國守相舉賢良方正能直言極諫之士各一人。夏五月辛酉，初舉孝廉、郎中寬博有謀、任典城者，以補長、相。任堪使也典主也長謂縣長相謂侯相秋七月辛亥，詔以上林池籞田賦與貧人。籞禁苑也音語前書音義曰折竹以繩懸連之使人不得往來謂之籞八月庚寅，有星孛于天市。史記曰房爲天駟東北曲十二星曰旗旗中四星曰天市九月，永昌哀牢夷叛。冬十月，武陵

郡兵討叛蠻破降之十一月阜陵王延謀反貶爲阜陵侯
二年春三月辛丑詔曰比年陰陽不調饑饉屢臻深惟先帝憂人
之本本謂稼穡詔書曰不傷財不害人誠欲元元去末歸本而今貴戚
近親奢縱無度嫁娶送終尤爲僭侈有司廢典莫肯舉察春秋之
義以貴理賤今自三公竝宜明糾非法宣振威風朕在弱冠未知
稼穡之艱難區區管窺豈能照一隅哉史記扁鵲曰以管窺天以隙視文其科條制度
所宜施行在事者備爲之禁先京師而後諸夏公羊傳曰春秋內中國而外諸夏內諸侯而外夷狄
王者欲一乎天下曷以內外之辭言自近者始也甲辰罷伊吾盧屯兵永平十六年置永昌越巂益州三郡
民夷討哀牢破平之夏四月戊子詔還坐楚淮陽事徙者四百餘
家令歸本郡癸巳詔齊相省冰紈方空縠吹綸絮紈素也冰言色鮮絜如冰釋名曰縠紗也方空
者紗薄如空也或曰空孔也即今之方目紗也綸似絮而細吹者言吹噓可成亦紗也前書齊有三服官故詔齊相罷之六月燒當羌叛金城太
守郝崇討之敗績羌遂寇漢陽秋八月遣行車騎將軍馬防討平

之十二月戊寅有星孛于紫宫
三年春正月己酉宗祀明堂禮畢登靈臺望雲物大赦天下三月癸巳立貴人竇氏爲皇后賜爵人二級三老孝悌力田人三級民無名數及流民欲占者人一級鰥寡孤獨篤癃貧不能自存者粟人五斛夏四月己巳罷常山呼沱石臼河漕石臼河名也在今定州唐縣東北時鄧訓上言此漕難成遂罷之漕水運也音才到反行車騎將軍馬防破燒當羌於臨洮臨洮縣名屬隴西郡即今岷山之州閏月西域假司馬班超擊姑墨大破之姑墨西域國名去長安八千一百五十里冬十二月丁酉以馬防爲車騎將軍武陵漊中蠻叛漊水名音婁源出今澧州崇義縣西北山是歲零陵獻芝草
四年春二月庚寅太尉牟融薨夏四月戊子立皇子慶爲皇太子賜爵人二級三老孝悌力田人三級民無名數及流人欲自占者人一級鰥寡孤獨篤癃貧不能自存者粟人五斛己丑徙鉅鹿王恭爲江陵王汝南王暢爲梁王常山王昞爲淮陽王辛卯封皇子

伉音抗為千乘王全為平春王平春縣屬江夏郡五月丙辰車騎將軍馬防罷甲戌司徒鮑昱為太尉南陽太守桓虞為司徒虞字仲春馮翊人六月癸丑皇太后馬氏崩秋七月壬戌葬明德皇太后冬牛大疫十一月壬戌詔曰蓋三代導人教學為本前書曰三代之道鄉里有教夏曰校殷曰庠周曰序漢承暴秦褒顯儒術建立五經為置博士其後學者精進雖曰承師亦別名家言雖承一師之業其後觸類而長更為章句則別為一家之學孝宣皇帝以為去聖久遠學不厭博故遂立大小夏侯尚書後又立京氏易大小夏侯謂夏侯勝勝從兄子建也京氏京房也至建武中復置顏氏嚴氏春秋大小戴禮博士嚴氏謂嚴彭祖顏氏謂顏安樂大小戴戴德戴聖也此皆所以扶進微學尊廣道蓺也中元元年詔書五經章句煩多議欲減省至永平元年長水校尉儵樊儵奏言先帝大業當以時施行欲使諸儒共正經義頗令學者得以自助孔子曰學之不講是吾憂也又曰博學而篤志切問而近思仁在其中矣論語文也講猶習也篤厚也志記也言人能博涉學而後識之切問於己所未悟之事近思己

於戲其勉之哉（所能及之事好學亦仁之一分故仁在其中矣）於是下太常將大夫博士議郎郎官（博士屬太常故云下）及諸生諸儒會白虎觀講議五經同異使五官中郎將魏應承制問（續漢志曰五官中郎將比二千石）侍中淳于恭奏帝親稱制臨決如孝宣甘露石渠故事（前書甘露三年詔諸儒講五經異同蕭望之等平奏其議上親制臨決焉又曰施讎甘露中論五經於石渠閣三輔故事曰石渠閣在未央殿北藏秘書之所）作白虎議奏（今白虎通）是歲甘露降泉陵洮陽二縣（二縣屬零陵郡泉陵城在今永州零陵縣北洮陽故城在今湘源縣西北）

五年春二月庚辰朔日有食之詔曰朕新離供養（去年馬太后崩）愆咎眾著上天降異大變隨之詩不云乎亦孔之醜（詩小雅曰朔月辛卯日有食之亦孔之醜孔甚也醜惡也）又久旱傷麥憂心慘切公卿已下其舉直言極諫能指朕過失者各一人遣詣公車將親覽問焉其以巖穴為先勿取浮華（前書鄒陽曰懸巖穴之士）甲申詔曰春秋書無麥苗重之也（春秋莊公七年秋大水無麥苗公羊傳曰一災不書待無麥然後書無苗何休注曰不書穀至麥苗獨書人食最重也）去秋雨澤不適今時復旱如炎如焚（炎焚言熱氣甚韓詩旱魃為虐如炎如焚）凶年無時

而爲備未至朕之不德上累三光震慄忉忉痛心疾首忉音刀詩曰憂心忉忉又曰疢如疾首前代聖君博思咨諏咨諏謀也諏音子余反雖降災咎輒有開匱反風之應武王有疾周公作請命之書藏於金匱後管蔡流言成王疑周公天乃大風禾木盡偃成王啓金匱得書乃郊天謝過天乃反風起禾事見尚書今予小子徒慘慘而已其令二千石理冤獄錄輕繫禱五嶽四瀆及名山能興雲致雨者冀蒙不崇朝徧雨天下之報尚書大傳曰五嶽皆觸石出雲膚寸而合不崇朝而雨天下務加肅敬焉三月甲寅詔曰孔子曰刑罰不中則人無所措手足今吏多不良擅行喜怒或案不以罪迫脅無辜致令自殺者一歲且多於斷獄甚非爲人父母之意也書曰元后作人父母有司其議糾舉之荆豫諸郡兵討破武陵漊中叛蠻夏五月辛亥詔曰朕思遲直士側席異聞遲猶希望也音持二反側席謂不正坐所以待賢良也其先至者各以發憤吐懣略聞子大夫之志矣皆欲置於左右顧問省納建武詔書又曰堯試臣以職不直以言語筆札書舜典曰朕其試哉又曰歷試諸難札簡也今外官多曠竝可以補任戊辰太傅趙熹

薨冬始行月令迎氣樂東觀記曰馬防上言聖人作樂所以宣氣致和順陰陽也臣愚以爲可因歲首發太蔟之律奏雅頌之音以迎和氣時以作樂器費多遂獨行十月迎氣樂也是歲零陵獻芝草有八黃龍見於泉陵伏侯古今注曰見零陵泉陵湘水中相與戲其二大如馬有角六枚大如駒無角西域假司馬班超擊疏勒破之

六年春二月辛卯琅邪王京薨夏五月辛酉趙王盱薨六月丙辰太尉鮑昱薨辛未晦日有食之秋七月癸巳以大司農鄧彪爲太尉

七年春正月沛王輔濟南王康東平王蒼中山王焉東海王政琅邪王宇來朝夏六月甲寅廢皇太子慶爲淸河王立皇子肇爲皇太子己未徙廣平王羨爲西平王秋八月飲酎高廟禘祭光武皇帝孝明皇帝前書高廟飲酎奏武德五行之舞音義云正月旦作酒八月成名曰酎酎者言醇也武帝時因八月嘗酎會諸侯出金助祭所謂酎金也丁孚漢儀式曰九眞交阯日南者用犀角二長九寸若瑇瑁甲一鬱林用象牙一長三尺已上若翠羽各二十準以當金甲辰詔書云祖考來假明哲之祀假音格格至也尚書夔曰於予擊石拊石搏拊琴瑟以詠祖考來格言明哲祭祀則能致祖考之神來至予未小子質又菲薄仰

惟先帝烝烝之情前修禘祭㠯盡孝敬朕得識昭穆之序寄遠祖之思今年大禮復舉加㠯先帝之坐（言顯宗神坐今新加之）悲傷感懷樂㠯迎來哀㠯送往雖祭亡如在而空虛不知所裁庶或饗之豈亡克慎肅雍之臣辟公之相（肅敬雍和相助也詩大雅曰有來雍雍至止肅肅相維辟公天子穆穆言百辟諸侯來助祭皆有肅雍之德無懈慢也）皆助朕之依依（依依思慕之意）今賜公錢四十萬卿半之及百官執事各有差

九月甲戌幸偃師東涉卷津（卷縣名屬河南郡也卷音丘權反）至河內下詔曰車駕行秋稼觀收穫因涉郡界皆精騎輕行無它輜重不得輒修橋道遠離城郭遣吏逢迎刺探起居（刺探謂候伺也探音湯勘反）出入前後㠯為煩擾動務省約但患不能脫粟瓢飲耳（晏子相齊食脫粟之飯孔子曰顏回一瓢飲）所過欲令貧弱有利無違詔書遂覽淇園（前書音義曰淇園衛之苑也）己酉進幸鄴勞饗魏郡守令已下至于三老門闌走卒賜錢各有差勞賜常山趙國吏人復元氏租賦三歲辛卯車駕還宮詔天下繫囚減死一等勿笞詣邊戍妻子

自隨占著所在父母同產欲相從者恣聽之有不到者皆以乏軍興論軍興而致闕乏當死刑也及犯殊死一切募下蠶室其女子宮繫囚鬼薪白粲已上前書曰鬼薪白粲已上皆三歲刑也男子為鬼薪取薪以給宗廟女子為白粲使擇米白粲粲然皆減本罪各一等輸司寇作亡命贖死罪入縑二十匹右趾至髡鉗城旦舂十匹完城旦至司寇三匹吏人有罪未發覺詔書到自告者半入贖冬十月癸丑西巡狩幸長安丙辰祠高廟遂有事十一陵遣使者祠太上皇於萬年太上皇高祖父也名煓音它官反一名執嘉三輔黃圖曰高祖初都櫟陽太上皇崩葬櫟陽北原陵號萬年仍分置萬年縣在今櫟陽東北故就祭祀焉以中牢祠蕭何霍光進幸槐里岐山得銅器形似酒罇獻之又獲白鹿帝曰上無明天子下無賢方伯已見明帝紀人之無良相怨一方詩小雅也良善也言王者所為無有善者各相與於一方而怨之義見韓詩斯器亦曷為來哉公羊傳曰孔子抱麟而泣曰孰為來哉孰為來哉又幸長平御池陽宮前書音義曰長平坂在池陽南有長平觀去長安五十餘里東至高陵造舟於涇而還造至也謂次比舟令相至為橋而度也爾雅曰天子造舟諸侯維舟大夫方舟士特舟每所到幸輒會郡縣吏人勞賜作樂十一月詔

勞賜河東守令掾㠯下十二月丁亥車駕還宮是歲京師及郡國螟

八年春正月壬辰東平王蒼薨三月辛卯葬東平憲王賜鑾輅龍旂夏六月北匈奴大人率眾款塞降冬十二月甲午東巡狩幸陳留梁國淮陽潁陽戊申車駕還宮詔曰五經剖判去聖彌遠章句遺辭乖疑難正恐先師微言將遂廢絕非所㠯重稽古求道真也其令羣儒選高才生受學左氏穀梁春秋古文尚書毛詩㠯扶微學廣異義焉是歲京師及郡國螟

元和元年春正月中山王焉來朝日南徼外蠻夷獻生犀白雉（劉欣明交州記曰犀其毛如豕蹏有三甲頭如馬有三角鼻上角短額上頭上角長異物志曰角中特有光耀白理如線自本達末則爲通天犀）閏月辛丑濟陰王長薨二月甲戌詔曰王者八政㠯食爲本（尚書洪範八政一曰食是爲政本）故古者急耕稼之業致耒耜之勤（耒耜農器也耒其柄耜其刃）節用儲畜㠯備凶災是㠯歲

雖不登而人無饑色自牛疫已來穀食連少良繇吏教未至刺史二千石不以為負（負猶憂也）其令郡國募人無田欲徙它界就肥饒者恣聽之到在所賜給公田為雇耕傭賃種餉（餉糧也古餉字音式上反）貰與田器勿收租五歲除算三年其後欲還本鄉者勿禁夏四月己卯分東平國封憲王蒼子尚為任城王六月辛酉沛王輔薨秋七月丁未詔曰律云掠者唯得榜笞立（蒼頡篇曰掠問也廣雅曰榜擊也音彭說文曰笞擊也立謂立而考訊之）又令丙箠長短有數（令丙為篇之次也前書音義曰令有先後有令甲令乙令丙又景帝定箠令箠長五尺本大一寸其竹也末薄半寸其平去節故云長短有數也）自往者大獄已來掠考多酷鉆鑽之屬（大獄謂楚王英等事也鉆音其廉反說文曰鉆銸也國語曰中刑用鑽鑿皆謂慘酷其肌膚也）慘苦無極念其痛毒怵然動心書曰鞭作官刑豈云若此（孔安國注尚書曰以鞭為理官事之刑）宜及秋冬理獄明為其禁八月甲子太尉鄧彪罷大司農鄭弘為太尉癸酉詔曰朕道化不德吏政失和元元未諭抵罪於下寇賊爭心不息邊野邑屋不修（修或作充）永惟庶事思稽厥衷

與凡百君子共弘斯道中心悠悠將何以寄其改建初九年為元和元年郡國中都官繫囚減死一等勿笞詣邊縣妻子自隨占著在所其犯殊死一切募下蠶室其女子宮繫囚鬼薪白粲以上皆減本罪一等輸司寇作亡命者贖各有差丁酉南巡狩詔所經道上郡縣無得設儲跱（儲積也跱具也言不預有蓄備）命司空自將徒支柱橋梁（柱音竹主反）有遣使奉迎探知起居二千石當坐其賜鰥寡孤獨不能自存者粟人五斛九月乙未東平王忠薨辛丑幸章陵祠舊宅園廟見宗室故人賞賜各有差冬十月己未進幸江陵詔廬江太守祠南嶽又詔長沙零陵太守祠長沙定王舂陵節侯鬱林府君還幸宛十一月己丑車駕還宮賜從者各有差十二月壬子詔曰書云父不慈子不祗兄不友弟不恭不相及也（祗敬也左傳胥臣云康誥曰父不慈子不祗兄不友弟不恭不相及也今康誥之言事同而文異）往者妖言大獄所及廣遠一人犯罪禁至三屬（即三族也謂父族母族及妻族）莫得

垂纓仕宦王朝如有賢才而没齒無用朕甚憐之非所謂與之更始也諸以前妖惡禁錮者一皆蠲除之（左傳曰以重幣錮之杜預注曰禁錮勿令仕也）以明棄咎之路但不得在宿衛而已

二年春正月乙酉詔曰令云人有產子者復勿筭三歲今諸懷妊者（說文曰妊孕也）賜胎養穀人三斛復其夫勿筭一歲著以爲令又詔三公曰方春生養萬物莩甲（前書音義曰莩葉裏白皮也易曰百果甲坼也）宜助萌陽以育時物其令有司罪非殊死且勿案驗及吏人條書相告不得聽受（條事條也）冀息事寍人敬奉天氣立秋如故夫俗吏矯飾外貌似是而非揆之人事則悅耳論之陰陽則傷化朕甚饜之甚苦之安靜之吏悃愊無華（說文云悃愊至誠也悃音苦本反愊音孚逼反）日計不足月計有餘（莊子曰有庚桑子者偏得老聃之道以居畏壘之山畏壘之人相與云庚桑子之始來吾洒然異之今吾日計之不足歲計之有餘庶幾其聖人乎）如襄城令劉方（方字伯況平原人）吏人同聲謂之不煩雖未有它異斯亦殆近之矣間勅二千石各尚寬明而今富姦

行賂於下貪吏枉法於上使有罪不論而無過被刑甚大逆也夫㠯苛爲察㠯刻爲明㠯輕爲德㠯重爲威四者或興則下有怨心吾詔書數下冠蓋接道而吏不加理人或失職其咎安在勉思舊令稱朕意焉二月甲寅始用四分歷續漢書曰時待詔張盛景防鮑業等以四分歷請與待詔楊岑等共課歲餘盛等所中多四分之歷始頗施行詔曰今山川鬼神應典禮者尚未咸秩咸皆也秩序也言山川之神尚未次序而祭之書曰咸秩無文其議增修羣祀㠯祈豐年丙辰東巡狩己未鳳皇集肥城肥城縣名屬太山郡故城在今濟州平陰縣東南乙丑帝耕於定陶詔曰三老尊年也孝悌淑行也力田勤勞也國家甚休之其賜帛人一匹勉率農功使使者祠唐堯於成陽靈臺成陽縣屬濟陰郡郭緣生述征記曰成陽縣東南有堯母慶都墓上有祠廟堯母陵俗亦名靈臺大母辛未幸太山柴告岱宗有黃鵠三十從西南來經祠壇上東北過于宮屋翺翔升降進幸奉高壬申宗祀五帝于汶上明堂前書曰濟南人公玉帶上黃帝時明堂圖中有一殿四面無壁以茅蓋通水水圜宮垣爲複道上有樓從西南入名曰崑崙以拜祀上帝於是上作明堂於汶上如帶圖焉汶水出太山朱虛縣萊蕪山癸酉告祠二祖四宗

二祖謂高祖世祖四宗謂文帝爲太宗武帝爲世宗宣帝爲中宗明帝爲顯宗大會外內羣臣丙子詔曰朕巡狩岱宗柴望山川告祠明堂以章先勳其二王之後禮記曰存二王之後尊賢不過二代公羊傳曰存二王之後所以通三正也漢之二王殷周之後也先聖之胤東觀記曰孔子後褒成侯等咸來助祭東后蕃衞東后謂東方國君也諸侯爲天子蕃屏故曰蕃衞伯父伯兄仲叔季弟幼子童孫尚書呂刑文皆天子同姓諸侯有父叔兄弟子孫列者故總而同之百僚從臣宗室衆子要荒四裔要荒二服名要服去王城二千里荒服去王城二千五百里要者言可要束以文教荒者言其荒忽無常也裔遠也謂荒服之外也沙漠之北葱領之西西河舊事曰葱嶺山名在敦煌西其山高大多葱故以爲名也冒耏之類字書曰耏多須貌音而言須鬢多蒙冒其面或曰西域人多著冒而長故舉以爲言也跋涉懸度草行曰跋水行曰涉左傳子太叔曰跋涉山川西域傳曰懸度者石山也谿谷不通以繩索相引而度去陽關五千八百五十里陵踐阻絕駿奔郊畤駿疾也音俊尚書駿奔走在廟郊畤祭天處也前書音義曰時神靈之居止者咸來助祭祖宗功德延及朕躬予一人空虛多疚纂承尊明疚病也纂繼也盥洗享薦慙愧祗慄詩不云乎君子如祉亂庶遄已詩小雅遄速也已止也祉福也鄭玄注云祉者福賢者謂爵祿之也如此則亂亦庶幾可疾止也歷數既從靈燿著明歷數既從謂行四分歷也靈燿著明謂日月貞明亦欲與士大夫同心自新其大赦天下諸犯罪不當得赦者皆除之復博奉

高嬴無出今年田租芻稾戊寅進幸濟南濟南縣名故城在今淄州長山縣西北三月己丑進幸魯祠東海恭王陵庚寅祠孔子於闕里及七十二弟子賜褒成侯及諸孔男女帛壬辰進幸東平祠憲王陵陵在今鄆州須昌縣東甲午遣使者祠定陶太后恭王陵太后即元帝傅昭儀也定陶恭王康其陵在今曹州濟陰縣北乙未幸東阿北登太行山至天井關在今澤州晋城縣南今太行山上關南有天井泉三所也夏四月乙巳客星入紫宮乙卯車駕還宮庚申假于祖禰假至也音格禰父廟易曰王假有廟告祠高廟五月戊申詔曰乃者鳳皇黃龍鸞鳥比集七郡孫柔之瑞圖曰鸞鳥者赤神之精鳳皇之佐雞身赤毛色亦被五彩鳴中五音人君進退有度親疏有序則至也比類也或一郡再見及白烏神雀甘露屢臻祖宗舊事或班恩施武帝時芝草生于甘泉宮宣帝時嘉穀玄稷降于郡國神雀仍集皆大赦天下其賜天下吏爵人三級高年鰥寡孤獨帛人一匹經曰無侮鰥寡惠此煢獨加賜河南女子百戶牛酒前書音義蘇林曰男賜爵女子賜牛酒姚察云女子謂賜爵者之妻史記封禪書百戶牛一頭酒十石臣賢案此女子百戶若是戶頭之妻不得更稱爲戶此謂女戶頭即今之女戶也天下稱慶恩當普洽所以男戶賜爵女子賜牛酒令天下大酺五日賜公卿已下錢帛各有差及

洛陽人當酺者布戶一匹城外三戶共一匹賜博士員弟子見在
太學者布人三匹令郡國上明經者口十萬以上五人不滿十萬三
人改廬江爲六安國江陵復爲南郡建初四年改爲江陵國今又復之徙江陵王恭爲
六安王秋七月庚子詔曰春秋於春每月書王者重三正愼三微
也三正謂天地人之正所以有三者由有三微之月王者所當奉而成之禮記曰正朔三而改文質再而復三微者三正之始萬物皆微物色不同故王者取法焉十一月時陽氣始施於黃
泉之下色皆赤赤者陽氣故周爲天正色尚赤十二月萬物始牙而色白白者陰氣故殷爲地
正色尚白十三月萬物孚甲而出其色皆黑人得加功展業故夏爲人正色尚黑尚書大傳曰夏
十三月爲正平旦爲朔殷以十二月爲正雞鳴爲朔周以十一月爲正夜半爲朔必以三微之月爲正者當爾之時物皆尚微王者受命當扶微理弱奉成之義也律十一月
立春不以報囚報猶論也立春陽氣至可以施生故不論囚月令冬至之後有順陽助生之文
月令仲冬是月也日短至陰陽爭諸生蕩君子身欲寧事欲靜以待陰陽之所定也而無鞫獄斷刑之政朕咨訪儒雅稽
之典籍以爲王者生殺宜順時氣其定律無以十一月十二月報
囚九月壬辰詔鳳皇黃龍所見亭部無出二年租賦東觀記曰鳳皇見肥城句窳亭槐樹
上古今注云黃龍見洛陽元延亭部窳音庾加賜男子爵人二級先見者帛二十匹近者三匹

太守三十匹令長十五匹丞尉半之詩云雖無德與汝式歌且舞詩小雅也取雖無大德嬰有喜悅之心欲歌舞也式用也它如賜爵故事丙申徵濟南王康中山王焉會烝祭冬十一月壬辰日南至初閉關梁易曰先王以至日閉關商旅不行王弼注曰冬至陰之復夏至陽之復故爲復卽至於寂然大靜先王則天地而行者也

三年春正月乙酉詔曰蓋君人者視民如父母有憯怛之憂有忠和之教匍匐之救周禮鄉司徒以鄉三物教萬民一曰六德謂智仁聖義忠和詩邶風曰凡民有喪匍匐救之其嬰兒無父母親屬及有子不能養食者稟給如律丙申北巡狩濟南王康中山王焉西平王羨六安王恭樂成王黨淮陽王昞任城王尙沛王定皆從辛丑帝耕于懷二月壬寅告常山魏郡清河鉅鹿平原東平郡太守相曰朕惟巡狩之制以宣聲教考同遐邇解釋怨結也今四國無政不用其良詩小雅曰日月告凶不用其行四國無政不用其良言四方之國無政者由天子不用善人也篤言出游欲親知其劇易前祠園陵遂望祀華霍華霍山名也今在廬江灊縣西南亦名天柱山爾雅曰華山爲西嶽

（霍山爲南嶽）東柴岱宗，爲人祈福。今將禮常山，遂徂北土，歷魏郡，經平原，升踐隄防，詢訪耆老，咸曰：往者汴門未作，深者成淵，淺則泥塗。追惟先帝勤人之德（謂永平十二年修汴渠），厎績遠圖，復禹弘業（尚書曰覃懷厎績孔安國注云厎置績功也遠圖猶長算也言能復禹爲理水之大功），聖跡滂流，至于海表。不克堂構，朕甚慚焉（尚書曰若考作室旣厎法厥子乃不肯堂矧肯構）。月令孟春善相丘陵土地所宜（月令孟春之月善相丘陵阪險原隰土地所宜五穀所殖以敎導人必躬親之田事旣飭）。今肥田尚多，未有墾闢。其悉以賦貧民，給與糧種，務盡地力，勿令游手。所過縣邑，聽半入今年田租，以勸農夫之勞。乙丑，勑侍御史、司空曰：方春，所過無得有所伐殺。車可以引避，引避之；騑馬可輟解，輟解之（夾轅者爲服馬服馬外爲騑馬）。詩云：敦彼行葦，牛羊勿踐履（詩大雅云鄭玄注曰敦敦然道旁之葦牧牛羊者無使踐履折傷之況於人乎）。禮，人君伐一草木不時，謂之不孝（禮記孔子曰伐一樹殺一獸不以其時非孝也）。俗知順人，莫知順天。其明稱朕意。戊辰，進幸中山，遣使者祠北嶽，出長城（史記蒙恬爲秦築長城西自臨洮東至海）。癸酉，還幸元氏，祠光武、顯宗於縣舍正堂；

明日又祠顯宗于始生堂皆奏樂明帝生于常山元氏傳舍也三月丙子詔高邑令祠光武於卽位壇復元氏七年徭役己卯進幸趙庚辰祠房山於靈壽靈壽縣名屬常山郡今恒州縣也房山在今恆州房山縣縣西北俗名王母山上有王母祠辛卯車駕還宮賜從行者各有差夏四月丙寅太尉鄭弘免大司農宋繇爲太尉繇字叔路長安人五月丙子司空第五倫罷太僕袁安爲司空秋八月乙丑幸安邑觀鹽池許慎云河東鹽池袤五十一里廣七里周百一十六里今蒲州虞鄉縣西九月至自安邑冬十月北海王基薨燒當羌叛寇隴西是歲西域長史班超擊斬疏勒王

章和元年春三月護羌校尉傅育追擊叛羌戰歿夏四月丙子令郡國中都官繫囚減死一等詣金城戍六月戊辰司徒桓虞免癸卯司空袁安爲司徒光祿勳任隗爲司空桓虞字仲春馮翊萬年人隗字仲和南陽宛人秋七月癸卯齊王晃有罪貶爲蕪湖侯蕪湖縣名屬丹陽故城在今宣州當塗縣東南壬子淮陽王昞薨鮮卑擊破北單于斬之燒當羌寇金城護羌校尉劉盱討之斬其

渠帥壬戌詔曰朕聞明君之德啓迪鴻化緝熙康乂光照六幽（緝熙光明也六幽謂六合幽隱之處也）訖惟人面靡不率俾仁風翔于海表威霆行乎鬼區（鬼區即鬼方）然後敬恭明祀膺五福之慶獲來儀之貺（尚書五福一曰壽二曰富三曰康寧四曰攸好德五曰考終命來儀謂鳳也書曰鳳皇來儀）朕以不德受祖宗弘烈乃者鳳皇仍集麒麟並臻甘露宵降嘉穀滋生芝草之類歲月不絕朕夙夜祗畏上天無以彰于先功今改元和四年爲章和元年秋令是月養衰老授几杖行糜粥飲食（月令仲秋之令）其賜高年二人共布帛各一匹以爲醴酪死罪囚犯法在丙子赦前而後捕繫者皆減死勿笞詣金城戍八月癸酉南巡狩壬午遣使者祠昭靈后於小黃園（小黃縣屬陳留郡故城在今汴州陳留縣東北漢舊儀曰昭靈后高祖母起兵時死小黃北後爲作園廟于小黃栅陳留風俗傳曰沛公起兵野戰喪皇妣于黃鄉天下平定仍使使者以梓宮招魂幽野於是丹蛇在水自洒濯之入于梓宮其浴處有遺髮故謚曰昭靈夫人）甲申徵任城王尚會睢陽戊子幸梁己丑遣使祠沛高原廟豐枌榆社（前書音義曰枌白榆高祖里社在豐縣東北十五里原廟解見光武紀）乙未幸沛祠獻王陵徵會東海

王政乙未晦日有食之九月庚子幸彭城東海王政沛王定任城王尚皆從辛亥幸壽春壬子詔郡國中都官繫囚減死罪一等詣金城戍犯殊死者一切募下蠶室其女子宮繫囚鬼薪白粲已上減罪一等輸司寇作亡命者贖死罪縑二十匹右趾至髡鉗城旦舂七匹完城旦至司寇三匹吏民犯罪未發覺詔書到自告者半入贖復封阜陵侯延爲阜陵王己未幸汝陰縣名屬汝南郡今潁川縣冬十月丙子車駕還宮北匈奴屋蘭儲等率衆降是歲西域長史班超擊莎車大破之月氏國遣使獻扶拔師子扶拔似麟無角拔音步未反

二年春正月濟南王康阜陵王延中山王焉來朝壬辰帝崩於章德前殿年三十三遺詔無起寢廟一如先帝法制

論曰魏文帝稱明帝察察章帝長者以上華嶠之辭章帝素知人厭明帝苛切事從寬厚感陳寵之義除慘獄之科寵時爲尚書以吏政嚴切乃上書除慘酷之科五十餘條具本傳也深

元元之愛著胎養之令（元和二年令諸懷妊者賜穀人三斛）奉承明德太后盡心孝道割裂名都以崇建周親（周至親也）平徭簡賦而人賴其慶又體之以忠恕文之以禮樂故迺蕃輔克諧羣后德讓謂之長者不亦宜乎在位十三年郡國所上符瑞合於圖書者數百千所烏呼懋哉（懋美也）

贊曰肅宗濟濟天性愷悌於穆后德諒惟淵體（於穆歎美也尚書曰齊聖廣淵也）左右蓺文斟酌律禮（蓺文謂諸儒講五經同異帝親稱制臨決也律謂詔云立春不以報囚也禮謂修禘祫登靈臺之屬）思服帝道弘此長懋儒館獻歌戎亭虛候（獻歌謂崔駰游太學時上四巡等頌）氣調時豫憲平人富

肅宗孝章帝紀第三

後漢書三

孝和孝殤帝紀第四　　後漢書四

唐章懷太子賢注

孝和皇帝諱肇謚法曰不剛不柔曰和伏侯古今注曰肇之字曰始肇音兆臣賢案許慎說文肇音大可反上諱也但伏侯許慎竝漢時人而帝諱不同蓋應別有所據肅宗第四子也母梁貴人爲竇皇后所譖憂卒竇后養帝以爲己子建初七年立爲皇太子章和二年二月壬辰卽皇帝位年十歲尊皇后曰皇太后太后臨朝三月丁酉改淮陽爲陳國今陳州楚郡爲彭城國今徐州西平并汝南郡西平縣故柏子國也在今豫州吳房縣西北六安復爲廬江郡卽今廬州廬江縣西故舒城是遣詔徙西平王羨爲陳王六安王恭爲彭城王癸卯葬孝章皇帝于敬陵在洛陽城東南三十九里古今注曰陵周三百步高六丈二尺庚戌皇太后詔曰先帝以明聖奉承祖宗至德要道天下清靜庶事咸寧今皇帝以幼年煢煢在疚疚病也煢煢然在憂病之中也煢或作嬛詩周頌云嬛嬛在疚朕且佐助聽政外有大國賢王竝爲藩屏內有公卿大夫統理本朝恭己受成夫何憂哉孔子曰舜何爲

哉恭己正南面而已尚書曰予小子垂拱仰成然守文之際必有內輔吕參聽斷侍中憲朕之元兄行能兼備忠孝尤篤先帝所器親受遺詔當吕舊典輔斯職焉憲固執謙讓節不可奪今供養兩宮[兩宮謂帝宮太后宮]宿衞左右厥事已重亦不可復勞吕政事故太尉鄧彪元功之族三讓彌高[元功謂高密侯禹也彪父邯中興初有功封鄳侯父卒彪讓國異母弟鳳論語孔子曰泰伯三以天下讓民無得而稱焉鄭玄注云太伯周太王之長子欲讓其弟季歷太王有疾太伯因適吳越採藥太王薨而不返季歷爲喪主一讓也季歷赴之不來奔喪二讓也終喪之後遂斷髮文身三讓也彪讓封弟故以比之鄳音莫杳反]海內歸仁爲羣賢首先帝褒表欲吕崇化今彪聰明康彊可謂老成黃耇矣[老成言老而有成德也詩大雅曰雖無老成人黃謂髮落更生黃者耇亦老也詩序曰外尊事黃耇]其吕彪爲太傅賜爵關內侯錄尚書事百官總己吕聽[古者君在諒闇百官總己之職事以聽于冢宰錄尚書事則冢宰之任也]朕庶幾得專心內位於戲羣公其勉率百僚各修厥職愛養元元綏吕中和稱朕意焉辛酉有司上奏孝章皇帝崇弘鴻業德化普洽垂意黎民留念稼穡文加殊俗武暢方表界惟人面無思不服巍巍蕩蕩莫與比隆[巍巍乎其有成功蕩蕩乎人無能名]

汲古閣 正本

爲孔子美帝堯之詞見論語周頌曰於穆清廟肅雝顯相清廟文王廟也於穆歎美之詞言助祭者禮儀敬且和也請上尊廟曰肅宗共進武德之舞制曰可癸亥陳王羨彭城王恭樂成王黨下邳王衍梁王暢始就國建初三年章帝不忍與諸王乖離皆留京師今遣之國夏四月丙子謁高廟丁丑謁世祖廟戊寅詔曰昔孝武皇帝致誅胡越故權收鹽鐵之利武帝使孔僅東郭咸陽乘傳舉行天下鹽鐵作官府收利私家更不得鑄鐵煑鹽以奉師旅之費自中興以來匈奴未賓永平末年復修征伐先帝即位務休力役然猶深思遠慮安不忘危探觀舊典復收鹽鐵欲以防備不虞寧安邊境而吏多不良動失其便以違上意先帝恨之故遺戒郡國罷鹽鐵之禁縱民煑鑄入稅縣官如故事前書音義曰縣官謂天子其申敕刺史二千石奉順聖旨勉弘德化布告天下使明知朕意五月京師旱詔長樂少府桓郁侍講禁中長樂宮之少府也郁桓榮子也冬十月乙亥以侍中竇憲爲車騎將軍伐北匈奴安息國遣使獻師子扶拔扶拔解見章紀

永元元年春三月甲辰初令郎官詔除者得占丞尉以比秩爲眞漢官儀曰羽林郎出補三百石丞尉自占丞尉小縣丞尉三百石其次四百石比秩爲眞皆所以優之夏六月車騎將軍竇憲出雞鹿塞今在朔方窳渾縣北闞駰十三州志云窳渾縣有大道西北出雞鹿塞窳音羊主反度遼將軍鄧鴻出栶陽塞栶陽縣屬九原郡故城在今勝州銀城縣界栶音固南單于出滿夷谷滿夷谷闕與北匈奴戰于稽落山大破之追至和渠北鞮海竇憲遂登燕然山刻石勒功而還北單于遣弟右溫禺鞮王鞮音丁兮反奉奏貢獻秋七月乙未會稽山崩閏月丙子詔曰匈奴背叛爲害久遠賴祖宗之靈師克有捷醜虜破碎遂掃厥庭詩曰仍執醜虜庭謂單于所常居也役不再籍猶言不籍再舉萬里清蕩非朕小子眇身所能克堪有司其案舊典告類薦功以章休烈類祭天也書曰類于上帝薦進也以功進告於天九月庚申以車騎將軍竇憲爲大將軍以中郎將劉尙爲車騎將軍冬十月令郡國弛刑輸作軍營其徙出塞者刑雖未竟皆免歸田里庚子阜陵王延薨是歲郡國九大水

二年春正月丁丑大赦天下二月壬午日有食之東觀記曰史官不覺涿郡言之己亥復置西河上郡屬國都尉官前書西河郡美稷縣上郡龜茲縣並有屬國都尉其秩比二千石十三州志曰典屬國武帝置掌納匈奴降者也哀帝省并大鴻臚故今復置之夏五月庚戌分太山爲濟北國分樂成涿郡勃海爲河間國丙辰封皇弟壽爲濟北王開爲河間王淑爲城陽王紹封故淮陽王昞子側爲常山王賜公卿已下至佐史錢布各有差己未遣副校尉閻礱討北匈奴取伊吾廬地丁卯紹封故齊王晃子無忌爲齊王北海王睦子威爲北海王車師前後王並遣子入侍車師有後王前王前王即後王之子其庭相去五百里月氏國遣兵攻西域長史班超超擊降之六月辛卯中山王焉薨秋七月乙卯大將軍竇憲出屯涼州九月北匈奴遣使稱臣冬十月遣行中郎將班固報命南單于遣左谷蠡王師子左谷蠡匈奴王號師子名也谷音鹿蠡音離出雞鹿塞擊北匈奴於河雲北大破之

三年春正月甲子皇帝加元服元首也謂加冠於首儀禮冠者先筮日後筮賓東觀記曰時太后詔袁安爲賓賜束帛乘馬

賜諸侯王公將軍特進漢官儀曰諸侯功德優盛朝廷所敬異者賜位特進在三公下中二千石列侯宗室子孫在京師奉朝請者黃金奉朝請無員三公外戚宗室諸侯多奉朝請漢律春曰朝秋曰請將大夫郎吏從官帛將謂五官及左右郎將也大夫謂光祿太中中散諫議大夫也十三州志曰大夫皆掌顧問應對言議夫之言扶也言能扶持君父也賜民爵及粟帛各有差大酺五日郡國中都官繫囚死罪贖縑至司寇及亡命各有差庚辰賜京師民酺布兩戶共一匹二月大將軍竇憲遣左校尉耿夔出居延塞居延縣屬張掖郡居延澤在東北武帝使伏波將軍路博德築遮虜障於居延城圍北單于於金微山大破之獲其母閼氏閼氏匈奴后之號也音焉支夏六月辛卯尊太后母沘陽公主東海恭王彊女為長公主辛丑阜陵王种薨阜陵王延之子冬十月癸未行幸長安詔曰北狄破滅名王仍降仍頻也西域諸國納質內附豈非祖宗迪哲重光之鴻烈歟迪蹈也言出祖宗蹈履明智有重光累聖之德成此大業也書曰茲四人迪哲又曰宣重光也寤寐歎息想望舊京其賜行所過二千石長吏已下及三老官屬錢帛各有差鰥寡孤獨篤癃貧不能自存者粟人三斛十一月癸卯祠

高廟遂有事十一陵詔曰高祖功臣蕭曹爲首有傳世不絶之義曹相國後容城侯無嗣朕望長陵東門見二臣之壟（東觀記曰蕭何墓在長陵東司馬門道北百步廟記云曹參冢在長陵旁道北近蕭何冢）循其遠節每有感焉忠義獲寵古今所同可遣使者以中牢祠大鴻臚求近親宜爲嗣者須景風紹封以章厥功（續漢志曰大鴻臚掌封拜諸侯及其嗣春秋考異郵曰夏至四十五日景風至則封其有功也）十二月復置西域都護騎都尉戊己校尉官庚辰至自長安減弛刑徒從駕者刑五月

四年春正月北匈奴右谷蠡王於除鞬自立爲單于款塞乞降（於除鞬其名也鞬音九言反）遣大將軍左校尉耿夔授璽綬（東觀記曰賜玉具劍羽蓋車一駟中郎將持節衛護焉）三月癸丑司徒袁安薨閏月丁丑太常丁鴻爲司徒夏四月丙辰大將軍竇憲還至京師六月戊戌朔日有食之丙辰郡國十三地震竇憲潛圖弑逆庚申幸北宮詔收捕憲黨射聲校尉郭璜（郭況子也東觀記曰璜作瑝音同）璜子侍中舉衛尉鄧疊疊弟步兵校尉磊皆下獄死使謁者僕射

收憲大將軍印綬（續漢書曰謁者僕射一人秩千石爲謁者臺率主謁者天子出奉引也）遣憲及弟篤景就國到皆自殺是夏旱蝗秋七月己丑太尉宋由坐黨憲自殺八月辛亥司空任隗薨（任光子也）癸丑大司農尹睦爲太尉錄尚書事（錄謂總領之也錄尚書自牟融始也）丁巳賜公卿以下至佐史錢穀各有差冬十月己亥宗正劉方爲司空十二月壬辰詔今年郡國秋稼爲旱蝗所傷其什四以上勿收田租芻稾有不滿者以實除之（所損十不滿四者以見損除也）武陵零陵澧中蠻叛燒當羌寇金城

五年春正月乙亥宗祀五帝於明堂遂登靈臺望雲物大赦天下戊子千乘王伉薨辛卯封皇弟萬歲爲廣宗王（廣宗縣名今貝州宗城縣隨煬帝諱廣故改爲宗城）二月戊戌詔有司省減內外廄及涼州諸苑馬（說文曰廄馬舍也漢官儀曰未央大廄長樂承華等廄令皆秩六百石又云牧師諸苑三十六所分置西北邊分養馬三十萬頭）自京師離宮果園上林廣成囿悉以假貧民恣得采捕不收其稅丁未詔曰去年秋麥入少恐民食不足

其上尤貧不能自給者戶口人數往者郡國上貧民以衣履釜鬵爲貲而豪右得其饒利（鬵音尋方言曰甑自關而東謂之鬵貧人既計釜甑以爲資財懼於役重多卽賣之以避科稅豪富之家乘賤買故得其饒利）詔書實覈（說文云覈考實事也）欲有以益之而長吏不能躬親反更徵召會聚令失農作愁擾百姓若復有犯者二千石先坐甲寅太傅鄧彪薨戊午隴西地震三月戊子詔曰選舉良才爲政之本科別行能必由鄉曲（周禮鄉大夫掌其鄉之政教考其德行察其道藝三年而舉賢能者於王）而郡國舉吏不加簡擇故先帝明勅在所令試之以職乃得充選（漢官儀曰建初八年十二月己未詔書辟士四科一曰德行高妙志節淸白二曰經明行修能任博士三曰明曉法律足以決疑能案章覆問文任御史四曰剛毅多略遭事不惑明足照姦勇足決斷才任三輔令皆存孝悌淸公之行自今以後審四科辟召及刺史二千石察舉茂才尤異孝廉吏務實校試以職有非其人不習曹事正舉者故不以實法）又德行尤異不須經職者別署狀上而宣布以來出入九年二千石曾不承奉恣心從好司隸刺史訖無糾察（訖竟也）今新蒙赦令且復申勅後有犯者顯明其罰在位不以選舉爲憂督察不以發覺爲負（負亦憂也）非獨州郡也是以庶官多非

其人下民被姦邪之傷由法不行故也庚寅遣使者分行貧民舉實流宂（宂散也流散者舉案其實而給之）開倉賑稟三十餘郡夏四月壬子封阜陵王种兄魴爲阜陵王（种無嗣故以魴襲也）六月丁酉郡國三雨雹（東觀記曰大如鴈子）秋九月辛酉廣宗王萬歲薨無子國除匈奴單于於除鞬叛遣中郎將任尚討滅之壬午令郡縣勸民蓄蔬食以助五穀（蓄積也）其官有陂池令得采取勿收假稅二歲（假猶租賃）冬十月辛未太尉尹睦薨（漢官儀曰睦字伯師鞏人）十一月乙丑太僕張酺爲太尉是歲武陵郡兵破叛蠻降之護羌校尉貫友討燒當羌羌乃遁去南單于安國叛骨都侯喜斬之

六年春正月永昌徼外夷遣使譯獻犀牛大象己卯司徒丁鴻薨二月乙未遣謁者分行稟貸三河兖冀青州貧民許侯馬光自殺（東觀記曰光前坐黨附竇憲歸國爲憲客奴所誣告乃自殺）丁未司空劉方爲司徒太常張奮爲司空三月庚寅詔流民所過郡國皆實稟之其有販賣者勿出租稅（漢循周法商賈

（有稅流人販賣故矜免之）又欲就賤還歸者復一歲田租更賦（復音福）丙寅詔曰朕以眇末奉承鴻烈陰陽不和水旱違度濟河之域凶饉流亡（尚書曰濟河惟兗州言東南據濟西北距河）而未獲忠言至謀所以匡救之策寤寐永歎用思孔疚（孔甚也疚病也詩云憂心孔疚）惟官人不得於上黎民不安於下有司不念寬和而競為苛刻覆案不急以妨民事（不急謂非要）甚非所以上當天心下濟元元也思得忠良之士以輔朕之不逮其令三公中二千石二千石內郡守相舉賢良方正能直言極諫之士各一人昭巖穴披幽隱遣詣公車（前書音義曰公車署名也公車所在故以名焉漢官儀曰公車令一人秩六百石掌殿門諸上書詣闕下者皆集奏之凡所徵召亦總領之）朕將悉聽焉帝乃親臨策問選補郎吏夏四月蜀郡徼外羌率種人遣使內附五月城陽王淑薨無子國除（章帝子也）六月己酉初令伏閉盡日（漢官舊儀曰伏日萬鬼行故盡日閉不干它事）秋七月京師旱詔中都官徒各除半刑謫其未竟五月已下皆免遣丁巳幸洛陽寺（寺官舍也風俗通云寺嗣也理事之吏嗣續於其中）錄囚徒舉冤獄收

洛陽令下獄抵罪司隷校尉河南尹皆左降未及還宮而澍雨西域都護班超大破焉耆尉黎斬其王自是西域降服納質者五十餘國南單于安國從弟子逢侯率叛胡亡出塞九月癸丑以光祿勳鄧鴻行車騎將軍事與越騎校尉馮柱行度遼將軍朱徽使匈奴中郎將杜崇討之冬十一月護烏桓校尉任尙率烏桓鮮卑大破逢侯闞駰十三州志曰護烏丸擁節秩比二千石武帝置以護內附烏丸既而幷於匈奴中郎將中興初班彪上言宜復此官以招附東胡乃復更置焉馮柱遣兵追擊復之詔曰勃海郡屬冀州武陵漊中蠻叛郡兵討平之

七年春正月行車騎將軍鄧鴻度遼將軍朱徽中郎將杜崇皆下獄死時南單于安國與崇不相平乃上書告崇崇令斷其章緣此驚叛安國卒見殺帝後知之皆徵下獄夏四月辛亥朔日有食之帝引見公卿問得失令將大夫御史謁者博士議郎郎官會廷中各言封事十三州志曰侍御史周官即柱下史秩六百石掌注記言行糾諸不法員十五人出有所案則稱使者焉謁者秦官也員七十人皆選孝廉年未五十曉解儐贊者歲盡拜縣令長史及都官府丞長史博士秦官博通古今秩皆六百石孝武初置五經博士後稍增至十四員取聰明威重者一人爲祭酒主領焉議郎郎官皆秦官也亢無所掌秩六百石或四

百右詔曰：元首不明，化流無良，政失於民，謫見于天。謫，譴也，責也。禮曰：「陽事不得，謫見于天，日為之食。」深惟庶事，五教在寬，是以舊典因孝廉之舉，以求其人。武帝元光元年，董仲舒初開其議，詔郡國舉孝廉各一人。有司詳選郎官寬博有謀、才任典城者三十人。任，堪也，音仁林反。既而悉以所選郎出補長相。長，縣長；相，侯相也。十三州志云：「縣為侯邑，則令長為相，秩隨令長本秩。」五月辛卯，改千乘國為樂安國。千乘故城在今淄州高苑縣北，樂安故城在今青州博昌縣南。六月丙寅，沛王定薨。秋七月乙巳，易陽地裂。易陽縣在易水之陽，今易州也。九月癸卯，京師地震。

八年春二月己丑，立貴人陰氏為皇后。賜天下男子爵，人二級，三老、孝悌、力田三級，民無名數及流民欲占者一級，鰥、寡、孤、獨、篤癃、貧不能自存者粟，人五斛。夏四月癸亥，樂成王黨薨。甲子，詔賑貸并州四郡貧民。五月，河內、陳留蝗。南匈奴右溫禺犢王叛，為寇。秋七月，行度遼將軍龐奮、越騎校尉馮柱追討之，斬右溫禺犢王。車師後王叛，擊其前王。八月辛酉，飲酎。詔郡國中都官繫囚減死一等詣敦煌戍其犯大逆募下蠶室其女子宮自死罪已下至司寇及亡命者入贖各有差九月京師蝗吏民言事者多歸責有司詔曰蝗蟲之異殆不虛生禮記月令曰孟夏行春令則蝗蟲爲災洪範五行傳曰貪利傷人則蝗蟲損稼萬方有罪在予一人而言事者專咎自下非助我者也朕寤寐恫矜思弭憂釁尚書曰恫矜乃身孔安國注曰恫痛也矜病也言如痛病在身欲除之也矜音古頑反昔楚嚴無災而懼解見明紀成王出郊而反風成王疑周公天乃大風禾則盡偃王乃出郊祭天乃反風起禾事見尚書將何以匡朕不逮以塞災變百僚師尹勉修厥職刺史二千石詳刑辟理冤虐恤鰥寡矜孤弱思惟致災興蝗之咎庚子復置廣陽郡高帝時燕國也昭帝元鳳元年爲廣陽郡宣帝本始元年更爲國也冬十月乙丑北海王威有罪自殺北海郡今青州縣十二月辛亥陳王羨薨丁巳南宮宣室殿火

九年春正月永昌徼外蠻夷及撣國重譯奉貢撣音擅東觀記作擅俗本以禪字相類或作禪者誤也說文曰譯傳四夷之語也三月庚辰隴西地震癸巳濟南王康薨西域長史王

林擊車師後王斬之夏四月丁卯封樂成王黨子巡爲樂成王六月蝗旱戊辰詔今年秋稼爲蝗蟲所傷皆勿收租更芻稾若有所損失㠯實除之餘當收租者亦半入其山林饒利陂池漁採㠯贍元元勿收假稅秋七月蝗蟲飛過京師八月鮮卑寇肥如肥如縣屬遼西郡前書音義曰肥子奔燕封於此今平州也遼東太守祭參下獄死東觀記曰鮮卑千餘騎攻肥如城殺略吏人祭參坐沮敗下獄誅閏月辛巳皇太后竇氏崩丙申葬章德皇后燒當羌寇隴西殺長吏遣行征西將軍劉尚越騎校尉趙世等討破之九月庚申司徒劉方策免自殺甲子追尊皇妣梁貴人爲皇太后冬十月乙酉改葬恭懷梁皇后于西陵謚法曰正德美容曰恭執義揚善曰懷東觀記曰改殯承光宮儀比敬園初后葬有闕竇后崩後乃議改葬十一月癸卯光祿勳河南呂蓋爲司徒蓋字君玉宛陵人也十二月丙寅司空張奮罷壬申太僕韓稜爲司空己丑復置若盧獄官前書曰若盧獄屬少府漢舊儀曰主鞫將相大臣也

十年春三月壬戌詔曰隄防溝渠所㠯順助地理通利壅塞禮記月令曰季

春之月修利隄防導達溝瀆開通道路無有障塞今廢慢懈弛不㠯爲負刺史二千石其隨宜疏導勿因緣妄發㠯爲煩擾將顯行其罰夏五月京師大水東觀記曰京師大雨南山水流出至東郊壞人廬舍秋七月己巳司空韓稜薨八月丙子太常太山巢堪爲司空堪字次朗太山南城人九月庚戌復置廩犧官漢官儀曰廩犧令一人秩六百石也冬十月五州雨水十二月燒當羌豪迷唐等率種人詣闕貢獻戊寅梁王暢薨

十一年春二月遣使循行郡國稟貸被災害不能自存者令得漁采山林池澤不收假稅丙午詔郡國中都官徒及篤癃老小女徒各除半刑其未竟三月者皆免歸田里夏四月丙寅大赦天下己巳復置右校尉官東觀記曰置在西河鵠澤縣秋七月辛卯詔曰吏民踰僭厚死傷生是㠯舊令節之制度頃者貴戚近親百僚師尹莫肯率從有司不舉怠放日甚又商賈小民或忘法禁奇巧靡貨流積公行其在位犯者當先舉正市道小民但且申明憲綱勿因科令加虐羸弱

十二年春二月旄牛徼外白狼貗薄夷率種人內屬闕駰十三州志曰旄牛縣屬蜀郡前書曰旄牛所出歲貢其尾以爲節旄詔貸被災諸郡民種糧賜下貧鰥寡孤獨不能自存者及郡國流民聽入陂池漁采㠯助蔬食三月丙申詔曰比年不登百姓虛匱匱乏也京師去冬無宿雪以其經冬故言宿也今春無澍雨黎民流離困於道路朕痛心疾首靡知所濟瞻仰昊天何辜今人詩大雅周宣王遇旱之詩言今人何罪而天令饑饉乎三公朕之腹心而未獲承天安民之策數詔有司務擇良吏今猶不改競爲苛暴侵愁小民㠯求虛名委任下吏假埶行邪是㠯令下而姦生禁至而詐起董仲舒曰法出而姦生令下而詐起巧法析律飾文增辭禮記王制曰析言破律也貨行於言辠成乎手朕甚病焉公卿不思助明好惡將何㠯救其咎罰咎罰既至復令災及小民若上下同心庶或有瘳其賜天下男子爵人二級三老孝悌力田三級民無名數及流民欲占者人一級鰥寡孤獨篤癃貧不能自存者粟人三斛壬子

賜博士員弟子在太學者布人三匹[武帝時置博士弟子太常擇人年十八以上儀狀端正者補焉昭帝增員滿百人宣帝倍之元帝更設員千人成帝更增員三千人]夏四月日南象林蠻夷反[象林縣屬日南郡今驩林州]郡兵討破之閏月賑貸敦煌張掖五原民下貧者穀戊辰秭歸山崩[秭歸縣屬南郡古之夔國今歸州也袁山松曰屈原此縣人既被流放忽然蹔歸其姊亦來因名其地爲秭歸秭亦姊也東觀記曰秭歸山高四百餘丈崩塡谿水壓殺百餘人]六月舞陽大水賜被水災尤貧者穀人三斛秋七月辛亥朔日有食之九月戊午太尉張酺免丙寅大司農張禹爲太尉冬十一月西域蒙奇兜勒二國遣使內附賜其王金印紫綬是歲燒當羌復叛

十三年春正月丁丑帝幸東觀覽書林閱篇籍博選術藝之士以充其官二月任城王尚薨丙午賑貸張掖居延朔方日南貧民及孤寡羸弱不能自存者秋八月詔象林民失農桑業者賑貸種糧稟賜下貧穀食己亥北宮盛饌門閣火護羌校尉周鮪擊燒當羌破之荊州雨水九月壬子詔曰荊州比歲不節今茲淫水爲害[淮南

子曰女媧積蘆灰以止淫水高誘注云平地出水為淫水餘雖頗登而多不均浹浹洽深惟四民農食之本慘然懷矜其令天下半入今年田租芻稾有宜以實除者如故事貧民假種食皆勿收責冬十一月安息國遣使獻師子及條枝大爵西域傳曰安息國居和櫝城去洛陽二萬五千里條枝國臨西海出師子大雀郭義恭廣志曰大爵頸及身膺蹄都似橐駞舉頭高八九尺張翅丈餘食大麥其卵如甕即今之駝鳥也丙辰詔曰幽并涼州戶口率少邊役衆劇束脩良吏進仕路狹撫接夷狄以人為本其令緣邊郡口十萬以上歲舉孝廉一人不滿十萬二歲舉一人五萬以下三歲舉一人鮮卑寇右北平遂入漁陽漁陽太守擊破之戊辰司徒呂蓋罷十二月丁丑光祿勳魯恭為司徒辛卯巫蠻叛寇南郡巫縣屬南郡故城在今夔州巫山縣也

十四年春二月乙卯東海王政薨繕脩故西海郡平帝時金城塞外羌獻地以為西海郡也光武建武中省金城入隴西郡至是復繕脩之金城即今蘭州縣也徙金城西部都尉以戍之三月戊辰臨辟雍饗射大赦天下夏四月遣使者督荊州兵討巫蠻破降之庚辰賑

貸張掖居延敦煌五原漢陽會稽流民下貧穀各有差五月丁未初置象林將兵長史官闞駰十三州志曰將兵長史居在日南郡又有將兵司馬去雒陽九千六百三十里六月辛卯廢皇后陰氏后父特進綱自殺秋七月甲寅詔復象林縣更賦田租芻稾二歲壬子常山王側薨是秋三州雨水冬十月甲申詔兗豫荆州今年水雨淫過多傷農功其令被害什四以上皆半入田租芻稾其不滿者以實除之辛卯立貴人鄧氏爲皇后丁酉司空巢堪罷十一月癸卯大司農徐防爲司空是歲初復郡國上計補郎官上計今計吏也前書音義曰舊制使郡丞奉歲計武帝元朔中令郡國舉孝廉各一人與計偕拜爲郎中中廢今復之

十五年春閏月乙未詔流民欲還歸本而無糧食者過所實稟之疾病加致醫藥其不欲還歸者勿强二月詔稟貸潁川汝南陳留江夏梁國敦煌貧民前書音義曰陳留本鄭邑也後爲陳所幷故曰陳留今汴州縣也江夏郡高帝置沔水自江別至南郡華容爲夏水過郡入江故曰江夏夏四月甲子晦日有食之五月戊寅南陽大風六月詔令百姓

鰥寡漁采陂池勿收假稅二歲秋七月丙寅濟南王錯薨錯音七故反復置涿郡故鹽鐵官續漢書曰其郡縣有鹽官鐵官者隨事廣狹置令長及丞秩次皆如縣也九月壬午南巡狩清河王慶濟北王壽河閒王開並從賜所過二千石長吏以下三老官屬及民百年者錢布各有差是秋四州雨水冬十月戊申幸章陵祠舊宅癸丑祠園廟會宗室於舊廬勞賜作樂戊午進幸雲夢臨漢水而還雲夢今安州縣也卽在雲夢澤中十一月甲申車駕還宮賜從臣及留者公卿以下錢布各有差十二月庚子琅邪王宇薨有司奏以爲夏至則微陰起靡草死可以決小事禮記月令曰孟夏之月靡草死麥秋至斷薄刑決小罪鄭玄注云靡草薺亭歷之屬臣賢案五月一陰爻生可以言微陰今月令云孟夏乃是純陽之月此言夏至者與月令不同是歲初令郡國以日北至案薄刑

十六年春正月己卯詔貧民有田業而以匱乏不能自農者貸種糧二月己未詔兖豫徐冀四州比年雨多傷稼禁沽酒夏四月遣三府掾分行四州貧民無以耕者爲雇犁牛直五月壬午趙王商

蕘秋七月旱戊午詔曰今秋稼方穗而旱雲雨不霑疑吏行慘刻不宣恩澤妄拘無罪幽閉良善所致其一切囚徒於法疑者勿決以奉秋令禮記月令曰孟秋之月命有司修法制繕囹圄具桎梏斷薄刑決小罪方察煩苛之吏顯明其罰辛酉司徒魯恭免庚午光祿勳張酺爲司徒辛巳詔令天下皆半入今年田租芻稾其被災害者以實除之貧民受貸種糧及田租芻稾皆勿收責八月己酉司徒張酺薨冬十月辛卯司空徐防爲司徒大鴻臚陳寵爲司空十一月己丑行幸緱氏登百岯山卽柏岯山也在洛州緱氏縣南爾雅云山一成曰岯東觀記作坯並音平鄙反流俗本或作杯者誤也賜百官從臣布各有差北匈奴遣使稱臣貢獻十二月復置遼東西部都尉官西部都尉安帝時以爲屬國都尉在遼東郡昌黎城也

元興元年春正月戊午引三署郎召見禁中漢官儀三署謂五官署也左右署也各置中郎將以司之郡國舉孝廉以補三署郎年五十以上屬五官其次分在左右署凡有中郎議郎侍郎郎中四等無員禁中者門戶有禁非侍御者不得入故謂禁中選除七十五人補謁者長相高句驪寇郡界夏四月庚午大赦天下改元元興宗

室已罪絕者悉復屬籍五月癸酉雍地裂東觀記曰右扶風雍地裂流俗本雍下有州者誤也秋九月遼東太守耿夔擊貊人破之冬十二月辛未帝崩于章德前殿年二十七立皇子隆爲皇太子賜天下男子爵人二級三老孝悌力田人三級民無名數及流民欲占者人一級鰥寡孤獨篤癃貧不能自存者粟人三斛自竇憲誅後帝躬親萬機每有災異輒延問公卿極言得失前後符瑞八十一所自稱德薄皆抑而不宣舊南海獻龍眼荔支十里一置五里一候南海郡秦置今廣州縣也廣雅曰益智龍眼也交州記曰龍眼樹高五六丈似荔支而小廣州記曰子似荔支而員七月熟荔支樹高五六丈大如桂樹實如雞子甘而多汁似安石榴有甜酢者至日禺中翕然俱赤即可食置謂驛也奔騰阻險死者繼路時臨武長汝南唐羌縣接南海臨武縣屬桂陽郡今郴州縣也乃上書陳狀帝下詔曰遠國珍羞本以薦奉宗廟苟有傷害豈愛民之本其勅太官勿復受獻由是遂省焉謝承書曰唐羌字伯游辟公府補臨武長縣接交州舊獻龍眼荔支及生鮮獻之驛馬晝夜傳送之至有遭虎狼毒害頓仆死亡不絕道經臨武羌乃上書諫曰臣聞上不以滋味爲德下不以貢膳爲功故天子食大牢爲尊不以果實爲珍伏見交阯七郡獻生龍眼等鳥驚風發南州土地惡蟲猛獸不絕於路

至於觸犯死亡之害死者不可復生來者猶可救也此二物升殿未必延年益壽帝從之章報羌即弃官還家不應徵召著唐子三十餘篇

論曰自中興㠯後逮于永元雖頗有弛張而俱存不擾是㠯齊民歲增闢土世廣齊平也偏師出塞則漠北地空都護西指則通譯四萬西域傳曰班超定西域五十餘國皆降服西至海瀕四萬里皆重譯貢獻豈其道遠三代術長前世將服叛去來自有數也

孝殤皇帝諱隆謚法曰短折不成曰殤古今注曰隆之字曰盛和帝少子也元興元年十二月辛未夜即皇帝位時誕育百餘日誕大也詩大雅誕彌厥月先生如達鄭玄注云大矣后稷之在其母懷也終人道十月而生詩又云載生載育育長也達音它末反尊皇后曰皇太后太后臨朝儀見皇后紀北匈奴遣使稱臣詣敦煌奉獻

延平元年春正月辛卯太尉張禹爲太傅司徒徐防爲太尉參錄尚書事百官總己㠯聽封皇兄勝爲平原王癸卯光祿勳梁鮪爲司徒漢官儀曰鮪字伯元河東平陽人也三月甲申葬孝和皇帝于慎陵在洛陽東南三十里俗本作順者誤尊

廟曰穆宗丙戌清河王慶濟北王壽河間王開常山王章始就國夏四月庚申詔罷祀官不在祀典者東觀記曰鄧太后雅性不好淫祀鮮卑寇漁陽漁陽太守張顯追擊戰沒丙寅以虎賁中郎將鄧騭爲車騎將軍司空陳寵薨五月辛卯皇太后詔曰皇帝幼沖承統鴻業朕且權佐助聽政兢兢寅畏寅敬也不知所濟深惟至治之本道化在前刑罰在後將稽中和廣施慶惠與吏民更始其大赦天下自建武以來諸犯禁錮詔書雖解有司持重多不奉行其皆復爲平民壬辰河東垣山崩垣縣今絳州縣也古今注曰山崩長七丈廣四丈六月丁未太常尹勤爲司空郡國三十七雨水詔曰自夏以來陰雨過節煖氣不效效猶驗也將有厥咎寤寐憂惶未知所由昔夏后惡衣服菲飲食孔子曰吾無間然菲薄也間非也今新遭大憂且歲節未和徹膳損服庶有補焉其減太官導官尚方內署諸服御珍膳靡麗難成之物太官令周官也秩千石典天子廚膳導官掌擇御米導擇也尚方掌作御刀劒諸器

（物內署掌內府衣物秩皆六百石並見續漢書）丁卯詔司徒大司農長樂少府曰朕㠯無德佐助統政夙夜經營懼失厥衷思惟治道由近及遠先內後外自建武之初㠯至于今八十餘年宮人歲增房御彌廣又宗室坐事沒入者猶託名公族甚可愍焉今悉免遣及掖庭宮人皆為庶民㠯抒幽隔鬱滯之情（抒舒也食汝反）諸官府郡國王侯家奴婢姓劉及疲癃羸老皆上其名務令實悉秋七月庚寅勑司隸校尉部刺史（秦有監御史監諸郡漢興省之但遣丞相史分刺諸州無有常官孝武帝初置刺史十三人秩六百石成帝更為牧秩二千石建武十八年復為刺史十二人各主一州其一州屬司隸校尉諸州常以八月巡行所部郡國錄囚徒考殿最初歲盡詣京都奏事中興但因計吏見續漢書）曰夫天降災戾應政而至閒者郡國或有水災妨害秋稼朝廷惟咎憂惶悼懼而郡國欲獲豐穰虛飾之譽遂覆蔽災害多張墾田不揣流亡（揣音初委反）競增戶口掩匿盜賊令姦惡無懲署用非次選舉乖宜貪苛慘毒延及平民（平民謂善人也書曰延于平人）刺史垂頭塞耳阿私下比不畏于天不愧于人（詩小雅也）假貸之恩不可數恃自

今吕後將糾其罰二千石長吏其各實覈所傷害爲除田租芻稾

八月辛亥帝崩癸丑殯于崇德前殿年二歲

贊曰孝和沈烈率繇前則王赫自中賜命彊慝慝惡也謂誅竇憲等抑沒祥符登顯時德謂用鄧彪等委政也殤世何早平原弗克平原王勝以固疾不得立也左傳曰弗克負荷

孝和孝殤帝紀第四

金陵書局仿汲古閣本刊

後漢書四

孝安帝紀第五　　後漢書五

唐章懷太子賢注

恭宗孝安皇帝諱祜（謚法曰寬容和平曰安伏侯古今注曰祜之字曰福）肅宗孫也父清河孝王慶母左姬帝自在邸第（倉頡篇曰邸舍也說文云屬國之舍也前書音義曰第謂有甲乙之次第）數有神光照室又有赤蛇盤於牀第之間（第牀簀也）年十歲好學史書（史書者周宣王太史籒所作之書也凡五十五篇可以教童幼）和帝稱之數見禁中延平元年慶始就國鄧太后特詔留帝清河邸八月殤帝崩太后與兄車騎將軍鄧隲定策禁中其夜使隲持節以王青蓋車迎帝齋于殿中（續漢志曰皇太子皇子皆安車朱班輪青蓋金華蚤皇子爲王錫以乘之故曰王青蓋車皇孫則綠車）皇太后御崇德殿百官皆吉服（洛陽南宮有崇德殿不可以凶事臨朝故吉服也）羣臣陪位引拜帝爲長安侯（不即立爲天子而封侯者不欲從微即登皇位）皇太后詔曰先帝聖德淑茂早棄天下朕奉皇帝夙夜瞻仰日月冀望成就豈意卒然顛沛天年不遂悲痛斷心朕惟平原王素被痼疾念宗廟之重思繼嗣之統唯

長安侯祜質性忠孝小心翼翼翼翼敬慎也詩曰惟此文王小心翼翼能通詩論篤學樂古仁惠愛下年已十三有成人之志親德係後莫宜於祜係即繼也禮昆弟之子猶己子禮記檀弓之文春秋之義爲人後者爲之子不以父命辭王父命爲人後者謂出繼於人也王父謂祖也穀梁傳曰衛靈公廢太子蒯聵立孫輒不受父之命而受王父命其以祜爲孝和皇帝嗣奉承祖宗按禮儀奏又作策命曰惟延平元年秋八月癸丑皇太后曰咨長安侯祜孝和皇帝懿德巍巍光于四海大行皇帝不永天年前書音義曰禮有大行人有小行人主謚號官也韋昭云大行者不反之辭也天子崩未有謚故稱大行也穀梁傳曰大行受大名風俗通曰天子新崩未有謚故且稱大行皇帝義兩通朕惟侯孝章帝世嫡皇孫謙恭慈順在孺而勤孺幼也或作在孺不勤宜奉郊廟承統大業今以侯嗣孝和皇帝後其審君漢國允執其中一人有慶萬民賴之皇帝其勉之哉讀策畢太尉奉上璽綬即皇帝位年十三太后猶臨朝公羊傳曰猶者可止之辭也九月庚子謁高廟辛丑謁光武廟六州大水已未遣謁者分行虛實舉災害賑乏絕丙寅葬孝殤皇

帝于康陵陵在慎陵塋中庚地高五丈五尺周二百八步乙亥隕石于陳留西域諸國叛攻都護任尚遣副校尉梁慬救尚擊破之慬音勤冬十月四州大水雨雹詔以宿麥不下宿舊也麥必經年而熟故稱宿賑賜貧人十二月甲子清河王薨使司空持節弔祭車騎將軍鄧騭護喪事乙酉罷魚龍曼延百戲漢官典儀曰作九賓樂舍利之獸從西方來戲於庭入前殿激水化成比目魚嗽水作霧化成黃龍長八丈出水遨戲於庭炫燿日光曼延者獸名也張衡西京賦所云巨獸百尋是爲曼延音以戰反

永初元年春正月癸酉朔大赦天下蜀郡徼外羌內屬東觀記曰徼外羌龍橋等六種慕義降附戊寅分犍爲南部爲屬國都尉稟司隸兗豫徐冀并州貧民司隸領河南河內河東弘農都於洛陽魏末因爲司州二月丙午以廣成游獵地廣城苑名在汝州西及被災郡國公田假與貧民丁卯分清河國封帝弟常保爲廣川王廣川縣屬信都國故城在今冀州棗强縣東北庚午司徒梁鮪薨三月癸酉日有食之詔公卿內外衆官郡國守相舉賢良方正有道術之士明政術達古今能直言極諫者各一人己卯永昌徼外僬僥種夷貢獻內屬甲申葬清河孝王贈

龍旗虎賁夏五月甲戌長樂衛尉魯恭爲司徒前書曰衛尉秦官掌宮門衛屯兵也長樂建章甘泉宮皆隨所掌以爲官名秩中二千石也丁丑詔封北海王睦孫壽光侯普爲北海王九眞徼外夜郎蠻夷舉土內屬九眞郡名今愛州縣六月戊申爵皇太后母陰氏爲新野君丁巳河東地陷壬戌罷西域都護先零種羌叛斷隴道大爲寇掠遣車騎將軍鄧騭征西校尉任尚討之丁卯赦除諸羌相連結謀叛逆者罪秋九月庚午詔三公明申舊令禁奢侈無作浮巧之物殫財厚葬是日太尉徐防免以災異屢見也辛未司空尹勤免以水雨漂流也癸酉調揚州五郡租米五郡謂九江丹陽廬江吳郡豫章也揚州領六郡會稽最遠葢不調也贍給東郡濟陰陳留梁國下邳山陽丁丑詔曰自今長吏被考竟未報考謂考問其狀也報謂斷決也自非父母喪無故輒去職者劇縣十歲平縣五歲以上乃得次用壬午詔太僕少府減黃門鼓吹以補羽林士漢官儀曰黃門鼓吹百四十五人羽林左監主羽林八百人右監主九百人廏馬非乘輿常所御者皆減半食乘輿天子所乘車輿也不敢斥言尊者故稱乘輿見蔡邕獨斷諸所造

作非供宗廟園陵之用皆且止丙戌詔死罪已下及亡命贖各有差庚寅太傅張禹爲太尉太常周章爲司空漢官儀曰章字次叔荆州隨縣人也冬十月倭國遣使奉獻倭國去樂浪萬二千里男子黥面文身以其文左右大小別尊卑之差見本傳辛酉新城山泉水大出東觀記曰突壞人田水深三丈十一月丁亥司空周章密謀廢立策免自殺戊子勑司隸校尉冀并二州刺史民訛言相驚弃捐舊居老弱相攜窮困道路其各勑所部長吏躬親曉諭若欲歸本郡在所爲封長檄不欲勿强封謂印封之也長檄猶今長牒也欲歸者皆給以長牒爲驗强音其兩反十二月乙卯潁川太守張敏爲司空

是歲郡國十八地震四十一雨水或山水暴至二十八大風雨雹

二年春正月稟河南下邳東萊河內貧民古今注曰時州郡大飢米石二千人相食老弱相弃道路車騎大將軍鄧騭爲種羌所敗於冀西續漢書曰種羌九千餘戶在隴西臨洮谷冀縣屬天水郡也二月乙丑遣光祿大夫樊準呂倉分行冀兗二州稟貸流民夏四月甲寅漢陽城中火燒殺三千五百七十人五月旱丙寅皇太后幸洛陽

寺及若盧獄錄囚徒賜河南尹廷尉卿及官屬㠯下各有差即日降雨六月京師及郡國四十大水大風雨雹東觀記曰雹大如芋魁雞子風拔樹發屋秋七月戊辰詔曰昔在帝王承天理民莫不據琁機玉衡㠯齊七政孔安國尚書注曰琁美玉也以琁爲機以玉爲衡王者正天文之器也七政日月五星各異其政制即今之渾儀朕㠯不德遵奉大業而陰陽差越變異竝見萬民飢流羌貊叛戾夙夜克己憂心京京詩小雅曰憂心京京爾雅曰京京憂也閒令公卿郡國舉賢良方正遠求博選開不諱之路冀得至謀㠯鑒不逮而所對皆循尚浮言無卓爾異聞卓爾高遠之貌也論語曰如有所立卓爾其百僚及郡國吏人有道術明習災異陰陽之度琁機之數者各使指變㠯聞二千石長吏明㠯詔書博衍幽隱衍猶引也朕將親覽待㠯不次冀獲嘉謀㠯承天誡閏月辛丑廣川王常保薨無子國除癸未蜀郡徼外羌舉土內屬東觀記曰徼外羌薄申等八種舉衆降九月庚子詔王主官屬墨綬下至郎謁者續漢書曰王國有中大夫秩比六百石謁者比四百石郎中二百石其經明任博士居鄉

里有廉清孝順之稱才任理人者國相歲移名與計偕上尚書公府通調令得外補移書也調選也冬十月庚寅稟濟陰山陽玄菟貧民征西校尉任尚與先零羌戰于平襄尚軍敗績平襄縣屬天水郡故襄戎邑也十一月辛酉拜鄧騭爲大將軍徵還京師留任尚屯隴右先零羌滇零稱天子於北地滇零羌名音丁田反遂寇三輔東犯趙魏南入益州殺漢中太守董炳十二月辛卯稟東郡鉅鹿廣陽安定定襄沛國貧民廣漢塞外參狼羌降分廣漢北部爲屬國都尉是歲郡國十二地震

三年春正月庚子皇帝加元服元服謂加冠也士冠禮曰令月吉辰加爾元服鄭玄云元首也大赦天下賜王主貴人公卿以下金帛各有差男子爲父後及三老孝悌力田爵人二級流民欲占者人一級遣騎都尉任仁討先零羌不利羌遂破沒臨洮縣名屬隴西郡高句驪遣使貢獻三月京師大飢民相食壬辰公卿詣闕謝詔曰朕以幼沖奉承鴻業不能宣流風化而感逆陰

陽至令百姓飢荒更相噉食永懷悼歎若墜淵水咎在朕躬非羣司之責而過自貶引重朝廷之不德（貶引謂貶損引過也重音直用反）其務思變復以助不逮癸巳詔以鴻池假與貧民（續漢書曰鴻池在洛陽東二十里假借也令得漁采其中）壬寅司徒魯恭免夏四月丙寅大鴻臚九江夏勤爲司徒（勤字伯宗壽春人也）三公以國用不足奏令吏人入錢穀得爲關內侯虎賁羽林郞五大夫官府吏緹騎營士各有差（續漢志曰執金吾緹騎二百八緹赤黃色營士謂五校營士也漢官儀曰屯騎越騎步兵射聲各領士七百人長水領士千三百六十七人也）己巳詔上林廣成苑可墾闢者賦與貧民甲申清河王虎威薨五月丙申封樂安王寵子延平爲清河王丁酉沛王正薨癸丑京師大風六月烏桓寇代郡上谷涿郡秋七月海賊張伯路等寇略緣海九郡遣侍御史龐雄督州郡兵討破之庚子詔長吏案行在所皆令種宿麥蔬食務盡地力其貧者給種餉九月鴈門烏桓及鮮卑叛敗五原郡兵於高渠谷（東觀記曰戰九原高梁谷渠梁相類必有誤也）冬十月南單于

叛圍中郎將耿种於美稷十一月遣行車騎將軍何熙討之十二月辛酉郡國九地震乙亥有星孛于天苑（天苑星名）是歲京師及郡國四十一雨水雹（續漢書曰雹大如鴈子也）并涼二州大飢人相食

四年春正月元日會徹樂不陳充庭車（每大朝會必陳乘輿法物車輦於庭故曰充庭車也以年飢故不陳）辛卯詔曰三輔比遭寇亂人庶流冗除三年逋租過更口算芻稾（前書音義曰天下人皆戍邊三日不可人人自行者自戍三日不可往便還因便住一歲諸不行者出錢三百入官官以給戍者言過其本更之日故曰過更又曰人年十五至五十六出賦錢人百二十為一算）稟上郡貧民各有差海賊張伯路復與勃海平原劇賊劉文河周文光等攻厭次殺縣令遣御史中丞王宗督青州刺史法雄討破之度遼將軍梁慬遼東太守耿夔討破南單于於屬國故城丙午詔減百官及州郡縣奉各有差二月丁巳稟九江貧民南匈奴寇常山乙丑初置長安雍二營都尉官（漢官儀曰京兆虎牙扶風都尉以涼州近羌數犯三輔將兵衞護園陵扶風都尉居雍縣故俗人稱雍營焉西羌傳云虎牙都尉居長安）乙亥詔曰自建初已來諸祇言它過坐徙

邊者各歸本郡其沒入官爲奴婢者免爲庶人詔謁者劉珍及五經博士校定東觀五經諸子傳記百家蓺術整齊脫誤是正文字洛陽宮殿名曰南宮有東觀前書曰凡諸子百八十九家言百家舉全數也三月南單于降先零羌寇褒中縣名屬漢中郡今梁州褒城縣漢中太守鄭勤戰歿徙金城郡都襄武襄武縣名屬隴西郡今渭州縣戊子杜陵園火癸巳郡國九地震夏四月六州蝗東觀記曰司隸豫兗徐青冀六州丁丑大赦天下秋七月乙酉三郡大水己卯騎都尉任仁下獄死九月甲申益州郡地震冬十月甲戌新野君陰氏薨東觀記曰新野君薨贈以玄玉赤紱賻錢三千萬布三萬匹使司空持節護喪事大將軍鄧騭罷

五年春正月庚辰朔日有食之丙戌郡國十一地震己丑太尉張禹免甲申光祿勳李修爲太尉漢官儀曰修字伯游豫州襄城人也二月丁卯詔省減郡國貢獻大官口食先零羌寇河東遂至河內三月詔隴西徙襄武安定徙美陽安定郡今涇州也美陽縣故城在今武功縣北北地徙池陽北地郡今寧州也池陽縣故城在今涇陽縣北也上

郡徙衙上郡今綏州也衙縣故城在同州白水縣東北左傳曰秦晉戰于彭衙即此也夫餘夷犯塞殺傷吏人閏月丁酉赦涼州河西四郡戊戌詔曰朕以不德奉郊廟承大業不能興和降善為人祈福災異蜂起寇賊縱橫夷狄猾夏猾亂也夏華夏也戎事不息百姓匱乏疲於徵發重以蝗蟲滋生害及成麥秋稼方收甚可悼也朕以不明統理失中亦未獲忠良以毗闕政傳曰顛而不扶危而不持則將焉用彼相矣公卿大夫將何以匡救濟斯艱戹承天誡哉蓋為政之本莫若得人襃賢顯善聖制所先濟濟多士文王以寧詩大雅之詞也思得忠良正直之臣以輔不逮其令三公特進侯中二千石二千石郡守諸侯相舉賢良方正有道術達於政化能直言極諫之士各一人及至孝行與眾卓異者并遣詣公車朕將親覽焉六月甲辰樂成王巡薨秋七月己巳詔三公特進九卿校尉九卿奉常光祿衛尉太僕鴻臚廷尉少府宗正司農校尉謂城門屯騎越騎步兵長水胡騎等舉列將子孫明曉戰陳任將

帥者九月漢陽人杜琦王信叛（東觀記曰琦自稱安漢將軍）與先零諸種羌攻陷上邽城十二月漢陽太守趙博遣客刺殺杜琦（東觀記曰漢陽故吏杜習手刺殺之）是歲九州蝗郡國八雨水

六年春正月庚申詔越巂置長利高望始昌三苑又令益州郡置萬歲苑犍爲置漢平苑（犍爲郡名前書音義曰故夜郎國也故城在今眉州隆山縣西北也）三月十州蝗夏四月乙丑司空張敏罷己卯太常劉愷爲司空五月旱丙寅詔令中二千石下至黃綬一切復秩還贖賜爵各有差戊辰皇太后幸雒陽寺錄囚徒理冤獄六月壬辰豫章員谿原山崩（員谿闕）辛巳大赦天下遣侍御史唐喜討漢陽賊王信破斬之（續漢志曰傳信首詣洛陽梟穀城門外）冬十一月辛丑護烏桓校尉吳祉下獄死是歲先零羌滇零死子零昌復襲僞號

七年春正月庚戌皇太后率大臣命婦謁宗廟（喪服傳曰命夫者其男子之爲大夫也命婦者

其大夫之妻也臣賢案東觀續漢袁山松謝沈書古今注皆云六年正月甲寅謁宗廟此云七年庚戌疑紀誤也二月丙午郡國十八地震夏四月乙未平原王勝薨丙申晦日有食之五月庚子京師大雩左傳曰龍見而雩杜預注云謂建巳之月龍星角亢見東方雩遠也遠爲百穀求膏雨周禮司職曰若國大旱則帥巫而舞雩鄭玄注云雩吁也嗟而求雨秋護羌校尉侯霸騎都尉馬賢破先零羌八月丙寅京師大風蝗蟲飛過洛陽詔賜民爵郡國被蝗傷稼十五以上勿收今年田租不滿者以實除之九月調零陵桂陽丹陽豫章會稽租米零陵郡名今永州縣也丹陽郡名今潤州江寧縣也餘並見上賑給南陽廣陵下邳彭城山陽廬江九江飢民又調濱水縣穀輸敖倉詩曰薄狩于敖卽此地秦於此築太倉亦曰敖庾在今鄭州滎陽縣西北東觀記曰濱水縣彭城廣陽廬江九江穀九十萬斛送敖倉

元初元年春正月甲子改元元初賜民爵人二級孝悌力田人三級爵過公乘得移與子若同產同產子民脫無名數及流民欲占者人一級鰥寡孤獨篤癃貧不能自存者穀人三斛貞婦帛人一匹二月己卯日南地坼東觀記曰坼長百八十二里廣五十六里三月癸酉日有食之夏四

月丁酉大赦天下京師及郡國五旱蝗詔三公特進列侯中二千石二千石郡守舉敦厚質直者各一人五月先零羌寇雍城六月丁巳河東地陷秋七月蜀郡夷寇蠶陵殺縣令 蠶陵縣屬蜀郡故城在今翼州翼水縣西有蠶陵山因以爲名焉 九月乙丑太尉李修罷先零羌寇武都漢中絕隴道辛未大司農山陽司馬苞爲太尉 謝承書曰苞字仲成東緡人也 冬十月戊子朔日有食之先零羌敗涼州刺史皮陽於狄道乙卯詔除三輔三歲田租更賦口算 解見光武紀也 十一月是歲郡國十五地震

二年春正月詔稟三輔及并涼六郡流宂貧人蜀郡青衣道夷奉獻內屬 青衣道縣名在大江青衣二水之會今嘉州龍遊縣也東觀記曰青衣蠻夷堂律等歸義 修理西門豹所分漳水爲支渠以溉民田 史記曰西門豹爲鄴令發人鑿十二渠引水灌田所鑿之渠在今相州鄴縣西也 二月戊戌遣中謁者收葬京師客死無家屬及棺椁朽敗者皆爲設祭其有家屬尤貧無以葬者賜錢人五千辛酉詔三輔河內河東上黨趙國太原各修

理舊渠通利水道以溉公私田疇（前書音義曰美田曰疇）三月癸亥京師大風先零羌寇益州遣中郎將尹就討之夏四月丙午立貴人閻氏爲皇后五月京師旱河南及郡國十九蝗甲戌詔曰朝廷不明庶事失中灾異不息憂心悼懼被蝗以來七年于茲而州郡隱匿裁言頃畝（裁與纔同古字通）今羣飛蔽天爲害廣遠所言所見寧相副邪三司之職內外是監既不奏聞又無舉正天灾至重欺罔罪大今方盛夏且復假貸以觀厥後（假貸猶寬容也盛夏不可卽加刑罰故且寬容）其務消救灾眚安輯黎元六月丙戌太尉司馬苞薨（謝承書曰苞爲太尉常食麤飯著布衣妻子不歷官舍會司徒楊震爲樊豐等所譖連及苞苞乞骸骨未見聽以疾薨也）洛陽新城地震裂秋七月辛巳太僕山太山馬英爲太尉（英字文思兗州蓋縣人也）八月遼東鮮卑圍無慮縣（屬遼東郡慮音閭有醫無閭山因以爲名焉）九月又攻夫犂營殺縣令（夫犂縣名屬遼東屬國）壬午晦日有食之冬十月遣中郎將任尚屯三輔詔郡國中都官繫囚減死一等勿笞詣馮翊扶風屯妻子自隨

占著所在女子勿輸 不輸作也 亡命死罪已下贖各有差其吏人聚爲盜賊有悔過者除其罪乙未右扶風仲光安定太守杜恢京兆虎牙都尉耿溥與先零羌戰於丁奚城 東觀記曰至北地靈州丁奚城也 光等大敗並沒左馮翊司馬鈞下獄自殺 東觀記曰安定太守杜恢與鈞等并威擊羌恢乘勝深入爲虜所害鈞擁兵不救收鈞下獄也 十一月庚申郡國地震十二月武陵澧中蠻叛州郡擊破之 東觀記曰蠻田山高少等攻城殺長吏州郡募五里蠻夷六亭兵追擊山等皆降賜五里六亭渠率金帛各有差 己酉司徒夏勤罷庚戌司空劉愷爲司徒光祿勳袁敞爲司空

三年春正月甲戌修理太原舊溝渠溉灌官私田 酈元水經注曰昔智伯過晉水以灌晉陽後人踵其遺跡蓄以爲沼分爲二派北瀆卽智氏故渠也其瀆乘高東北注入晉陽城以溉灌東南出城注於汾水今所修溝渠卽謂此 東平陸上言木連理 東平陸縣名古厥國也屬東平國今兖州平陸縣也序例曰凡瑞應自和帝以上政事多美近於有實故書見於某處自安帝以下王道衰缺容或虛飾故書某處上言也 蒼梧鬱林合浦蠻夷反叛 蒼梧郡今梧州縣也合浦郡今廉州縣也 二月遣侍御史任逴督州郡兵討之 逴音丁角反 郡國十地震三月辛亥日有食之丙辰赦蒼梧鬱林合

浦南海吏人爲賊所迫者夏四月京師旱五月武陵蠻復叛州郡討破之癸酉度遼將軍鄧遵率南匈奴擊先零羌於靈州破之靈州縣名屬北地郡故城在今慶州馬領縣西北越巂徼外夷舉種內屬六月中郎將任尚遣兵擊破先零羌於丁奚城秋七月武陵蠻復叛州郡討平之緱氏地坼九月辛巳趙王宏薨冬十一月蒼梧鬱林合浦蠻夷降丙戌初聽大臣二千石刺史行三年喪文帝遺詔以日易月於後大臣遂以爲常至此復遵古制也癸卯郡國九地震十二月丁巳任尚遣兵擊破先零羌於北地

四年春二月乙巳朔日有食之乙卯大赦天下壬戌武庫災夏四月戊申司空袁敞薨己巳鮮卑寇遼西遼西郡兵與烏桓擊破之遼西郡故城在今平州東陽樂城是五月丁丑太常李郃爲司空六月戊辰三郡雨雹秋七月辛丑陳王鈞薨京師及郡國十雨水詔曰今年秋稼茂好垂可收穫而連雨未霽霽雨止也懼必淹傷夕惕惟憂思念厥咎夫霖雨者

人怨之所致 左傳曰凡雨三日以上為霖京房別對災異曰人勞怨苦雨水絕道 其武吏曰威暴下文吏妄行苛刻鄉吏因公生姦為百姓所患苦者有司顯明其罰又月令仲秋養衰老授几杖行糜粥 鄭玄注云助老氣也行猶賜也 方今案比之時 東觀記曰方今八月案比之時謂案驗戶口次比之也 郡縣多不奉行雖有糜粥穅秕相半長吏怠事莫有躬親甚違詔書養老之意其務崇仁恕賑護寡獨稱朕意焉九月護羌校尉任尚使客刺殺叛羌零昌冬十一月己卯彭城王恭薨十二月越嶲夷寇遂久殺縣令 遂久縣屬越嶲郡 甲子任尚及騎都尉馬賢與先零羌戰于富平上河大破之 富平縣屬北地郡故城在今靈州回樂縣西南酈元水經注曰河水於此有上河之名也 虔人羌率眾降 虔人羌號也東觀記曰虔人種羌大豪恬狼等詣度遼將軍降 隴右平是歲郡國十三地震

五年春正月越嶲夷叛二月壬戌中山王憲薨三月京師及郡國五旱詔稟遭旱貧人夏六月高句驪與穢貊寇玄菟 郡名在遼東 秋七月越嶲蠻夷及旄牛豪叛殺長吏 旄牛縣屬蜀郡華陽國志曰在卭崍山表也 丙子詔曰舊令

制度各有科品漢令今亡欲令百姓務崇節約遭永初之際人離荒戹朝廷躬自菲薄去絕奢飾食不兼味衣無二綵比年雖獲豐穰尚乏儲積而小人無慮不圖久長嫁娶送終紛華靡麗至有走卒奴婢被綺縠著珠璣綺文繒縠紗也璣珠不圓者也京師尚若斯何以示四遠設張法禁懇惻分明而有司惰任訖不奉行秋節既立鷙鳥將用鷙鳥謂鷹鸇之類也廣雅曰鷙執也以其能服執眾鳥月令孟秋鷹乃祭鳥始用行戮言有司怠惰不遵法令將欲糾其罪順秋行誅同鷹鸇之鷙擊也且復重申以觀後效

八月丙申朔日有食之鮮卑寇代郡殺長吏冬十月鮮卑寇上谷

十二月丁巳中郎將任尚有辠弃市是歲郡國十四地震

六年春二月乙巳京師及郡國四十二地震或坼裂水泉涌出壬子詔三府選掾屬高第能惠利牧養者各五人光祿勳與中郎將選孝廉郎寬博有謀清白行高者五十人出補令長丞尉乙卯詔曰夫政先京師後諸夏月令仲春養幼小存諸孤季春賜貧窮賑

乏絕省婦使表貞女所以順陽氣崇生長也（鄭玄云婦使謂組紃之事）其賜民尤貧困孤弱單獨穀人三斛貞婦有節義十斛甄表門閭旌顯厥行（節謂志操義謂推讓甄明也旌章也里門謂之閭旌表者若今樹闕而題之）三月庚辰始立六宗祀於洛城西北（續漢志曰元初六年以尚書歐陽家說謂六宗者在天地四方之中爲上下四方之宗以元始中故事謂六宗易六子之氣日月雷公風伯山澤者非也乃更六宗祠於戌亥之地禮比大社也）夏四月會稽大疫遣光祿大夫將太醫循行疾病賜棺木（漢官儀太醫令一人秩六百石）除田租口賦沛國勃海大風雨雹五月京師旱六月丁丑樂成王賓薨丙戌平原王得薨秋七月鮮卑寇馬城（搜神記曰昔秦人築城於武周塞以備胡將成而崩者數矣有馬馳走周旋反覆父老異之因依以築城城乃不崩遂以名焉其故城今朔州也）度遼將軍鄧遵率南單于擊破之九月癸巳陳王竦薨十二月戊午朔日有食之既郡國八地震是歲永昌益州蜀郡夷叛與越巂夷殺長吏燔城邑益州刺史張喬討破降之

永寧元年春正月甲辰任城王安薨三月丁酉濟北王壽薨車師

後王叛殺部司馬沈氏羌寇張掖沈氏羌號也續漢志曰羌在上郡西河者號沈氏也夏四月丙寅立皇子保爲皇太子改元永寧大赦天下賜王主三公列侯下至郎吏從官金帛又賜民爵及布粟各有差己巳紹封陳王羨子崇爲陳王濟北王子萇爲樂成王河間王子翼爲平原王壬午琅邪王壽薨六月沈氏種羌叛寇張掖護羌校尉馬賢討沈氏羌破之秋七月乙酉朔日有食之冬十月己巳司空李郃免癸酉衞尉廬江陳褒爲司空褒字伯仁舒縣人也自三月至是月京師及郡國三十三大風雨水十二月永昌徼外撣國遣使貢獻撣音擅戊辰司徒劉愷罷遼西鮮卑降癸酉太常楊震爲司徒是歲郡國二十三地震夫餘王遣子詣闕貢獻燒當羌叛

建光元年春正月幽州刺史馮煥率二郡太守討高句驪穢貊不克二月癸亥大赦天下賜諸園貴人謂宮人無子守園陵者也王主公卿已下錢

布各有差以公卿校尉尚書子弟一人爲郎舍人三月癸巳皇太后鄧氏崩丙午葬和熹皇后丁未樂安王寵薨戊申追尊皇考清河孝王曰孝德皇皇妣左氏曰孝德皇后祖妣宋貴人曰敬隱皇后夏四月穢貊復與鮮卑寇遼東遼東太守蔡諷追擊戰歿丙辰以廣川幷清河國丁巳尊孝德皇元妃耿氏爲甘陵大貴人（甘陵孝德皇后之陵也因以爲縣今貝州清河縣東也）甲子樂成王萇有辠廢爲臨湖侯（續漢書曰萇輕慢不孝故貶臨湖縣名屬廬江郡也）己巳令公卿特進侯中二千石二千石郡國守相舉有道之士各一人賜鰥寡孤獨貧不能自存者穀人三斛甲戌遼東屬國都尉龐奮承僞璽書殺玄菟太守姚光五月庚辰特進鄧騭及度遼將軍鄧遵並以譖自殺（乳母王聖與中黃門李閏等誣告尚書鄧訪等謀廢立宗族皆免官驚與遵皆自殺）丙申貶平原王翼爲都鄉侯秋七月己卯改元建光大赦天下壬寅太尉馬英薨八月護羌校尉馬賢討燒當羌於金城不利甲子前司徒劉愷爲

太尉鮮卑寇居庸關九月雲中太守成嚴擊之戰殁鮮卑圍烏桓校尉於馬城度遼將軍耿夔救之戊子幸衛尉馮石府續漢書曰賜賞寶劍玉玦雜繒布等是秋京師及郡國二十九雨水冬十一月己丑郡國三十五地震或坼裂詔三公已下各上封事陳得失遣光祿大夫案行賜死者錢人二千除今年田租其被災甚者勿收口賦鮮卑寇玄菟庚子復斷大臣二千石已上服三年喪癸卯詔三公特進侯卿校尉舉武猛堪將帥者各五人丙午詔京師及郡國被水雨傷稼者隨頃畝減田租甲子初置漁陽營兵伏侯古今注曰置營兵千人也冬十二月高句驪馬韓穢貊圍玄菟城夫餘王遣子與州郡并力討破之

延光元年春二月夫餘王遣子將兵救玄菟夫餘王子尉仇台也擊高句驪馬韓穢貊破之遂遣使貢獻三月丙午改元延光大赦天下還徙者復戶邑屬籍賜民爵及三老孝悌力田人二級加賜鰥寡孤獨篤

瘥貧不能自存者粟人二斛貞婦帛人二匹夏四月癸未京師郡國二十一雨雹癸巳司空陳褒免五月庚戌宗正彭城劉授爲司空漢官儀曰宗正卿秩中二千石授字孟春徐州武原人也己巳改樂成國爲安平封河間王開子得爲安平王六月郡國蝗秋七月癸卯京師及郡國十三地震高句驪降虔人羌叛攻穀羅城穀羅屬西河郡度遼將軍耿夔討破之八月戊子陽陵園寢火景帝陵也辛卯九眞言黃龍見無功無功縣屬九眞郡己亥詔三公中二千石舉刺史二千石令長相視事一歲已上至十歲清白愛利能敕身率下防姦理煩有益於人者無拘官簿清白謂貞正也愛利謂愛人而利之也無拘官簿謂超遷之不拘常牒也刺史舉所部郡國太守相舉墨綬隱親悉心勿取浮華墨綬謂令長之屬也隱親猶親自隱也悉盡也言令三公以下各舉所知皆隱審盡心勿取浮華不實者九月甲戌郡國二十七地震冬十月鮮卑寇鴈門定襄十一月鮮卑寇太原燒當羌豪降十二月九眞徼外蠻夷貢獻內屬是歲京師及郡國二十七雨水大風殺

人詔賜壓溺死者年七歲已上錢人二千其壞敗廬舍失亡穀食粟人三斛又田被淹傷者一切勿收田租若一家皆被災害而弱小存者郡縣爲收斂之虔人羌反攻穀羅城度遼將軍耿夔討破之

二年春正月旄牛夷叛寇靈關殺縣令（靈關道屬越巂郡）益州刺史蜀郡西部都尉討之詔選三署郎（三署解見和帝紀）及吏人能通古文尚書毛詩穀梁春秋各一人丙辰河東潁川大風夏六月壬午郡國十一大風九眞言嘉禾生（東觀記曰禾百五十六本七百六十八穗）丙申北海王普薨秋七月丹陽山崩八月庚午初令三署郎通達經術任牧民者視事三歲已上皆得察舉九月郡國五雨水冬十月辛未太尉劉愷罷甲戌司徒楊震爲太尉光祿勳東萊劉熹爲司徒（熹字季明青州長廣人也）十一月甲辰校獵上林苑鮮卑敗南匈奴於曼柏是歲分蜀郡西部爲屬國都尉京師及

郡國三地震

三年春二月丙子東巡狩丁丑告陳留太守祠南頓君光武皇帝于濟陽復濟陽今年田租芻稾庚寅遣使者祠唐堯於成陽古成伯國也故城在今濮州雷澤縣北述征記云成陽東南有堯冢戊子濟南上言鳳皇集臺縣丞霍收舍樹上臺縣屬濟南郡故城在今齊州平陵縣北賜臺長帛五十匹丞二十匹尉半之吏卒人三匹鳳皇所過亭部無出今年田租賜男子爵人二級辛卯幸太山柴告岱宗太山王者告代之處爲五岳之宗故曰岱宗燔柴以告天齊王無忌北海王翼樂安王延來朝壬辰宗祀五帝于汶上明堂癸巳告祀二祖六宗二祖高祖光武也六宗謂孝文曰太宗孝武曰代宗孝宣曰中宗孝元曰高宗孝明曰顯宗孝章曰肅宗勞賜郡縣作樂三月甲午陳王崇薨戊戌祀孔子及七十二弟子於闕里自魯相令丞尉及孔氏親屬婦女諸生悉會賜褒成侯以下帛各有差還幸東平至東郡歷魏郡河內壬戌車駕還京師幸太學是日太尉楊震免夏四月乙丑車駕入宮

假于祖禰假音格禰格至也壬戌沛國言甘露降豐縣戊辰光祿勳馮石為太尉五月南匈奴左日逐王叛使匈奴中郎將馬翼討破之日南徼外蠻夷內屬六月鮮卑寇玄菟庚午閬中山崩閬中縣屬巴郡臨閬中水因以為名今隆州縣也辛未扶風言白鹿見雍辛巳遣侍御史分行青冀二州災害督錄盜賊秋七月丁酉初復右校令左校丞官續漢志曰將作大匠屬官有左右校皆有令丞中興未置今始復日南徼外蠻豪帥詣闕貢獻馮翊言甘露降頻陽衙頻陽縣故城在今雍州美原縣西南衙見上潁川上言木連理白鹿麒麟見陽翟鮮卑寇高柳梁王堅薨明帝孫節王暢之子也八月辛巳大鴻臚耿寶為大將軍戊子潁川上言麒麟一白虎二見陽翟九月丁酉廢皇太子保為濟陰王常侍江京等譖之也乙巳詔郡國中都官死辠繫囚減罪一等詣敦煌隴西及度遼營漢官儀曰度遼將軍屯五原曼柏縣也其右趾已下及亡命者贖各有差辛亥濟南上言黃龍見歷城歷城縣屬濟南國今齊州縣也庚申晦日有食之冬十月行幸長安壬午新豐上

言鳳皇集西界亭今新豐縣西南有鳳皇原俗傳云即此時鳳皇所集之處也丁亥會三輔守令掾史於長安作樂閏月乙未祠高廟遂有事十一陵歷觀上林昆明池遣使者祠太上皇于萬年以中牢祠蕭何曹參霍光十一月乙丑至自長安十二月乙未琅邪言黃龍見諸縣諸縣名故城在今密州諸城縣西南是歲京師及諸郡國二十三地震三十六雨水疾風雨雹

四年春正月壬午東郡言黃龍二麒麟一見濮陽縣名屬東郡即古昆吾國帝顓頊之墟今濮州縣二月乙亥下邳王衍薨甲辰南巡狩三月戊午朔日有食之庚申幸宛帝不豫辛酉令大將軍耿寶行太尉事祠章陵園廟告長沙零陵太守祠定王節侯鬱林府君乙丑自宛還丁卯幸葉帝崩于乘輿年三十二祕不敢宣所在上食問起居如故庚午還宮辛未夕乃發喪尊皇后爲皇太后太后臨朝以后兄大鴻臚閻顯爲車騎將軍定策禁中立章帝孫濟北惠王壽子北鄉侯懿東觀記及續漢書並曰北鄉

（櫝今謚益二名）甲戌濟南王香薨（光武曾孫簡王錯之子也）乙酉北鄉侯即皇帝位夏四月丁酉太尉馮石爲太傅（石字次初荊州湖陽人也馮魴之孫）司徒劉熹爲太尉參錄尚書事前司空李郃爲司徒辛卯大將軍耿寶中常侍樊豐侍中謝惲周廣乳母野王君王聖坐相阿黨豐惲廣下獄死寶自殺聖徙鴈門己酉葬孝安皇帝于恭陵（在今洛陽東北二十七里伏侯古今注曰陵山周二百六十丈高十五丈也）廟曰恭宗六月乙巳大赦天下詔先帝巡狩所幸皆半入今年田租秋七月西域長史班勇（西域都護之長史也）擊車師後王斬之丙午東海王肅薨冬十月丙午越巂山崩辛亥少帝薨是冬京師大疫

論曰孝安雖稱尊享御而權歸鄧氏至乃損徹膳服克念政道然令自房帷威不逮遠始失根統歸成陵敝遂復計金授官（永初元年令吏人人錢穀得至關內侯也）移民逃寇（羌既轉盛詔隴西徙襄武安定徙美陽北地徙池陽）推咎台衡以答天眚（台謂三台三公象也衡平也言天下所取平伊尹爲阿衡即其義也）既云哲婦亦惟家之索矣（哲智也索盡也謂鄧后專制國柄也詩曰哲夫成城哲婦傾城書曰）

牝雞之晨惟家之索

贊曰：安德不升，秕我王度。秕穀不成也，諭政教之穢。左傳所招之詩曰：思我王度。降奪儲嫡，開萌邪蠹。儲嫡謂太子也。邪蠹謂江京等也。馮石承歡，楊公逢怒。續漢志曰：上賜衛尉馮石寶劍玉玦雜繒布等，故曰承歡也。楊公，楊震。逢怒謂樊豐等譖震云有恚恨心，帝免之。彼日而微，遂祲天路。日，君道也。微，不明也。祲，陰陽相侵之氣也。詩曰：彼月而微，此日而微。此日而微，言君道闇亂，政化陵遲，漢祚衰微自此而始，故言遂祲天路也。

孝安帝紀第五

孝順孝沖孝質帝紀第六　後漢書六

唐章懷太子賢注

孝順皇帝諱保 謚法曰慈和徧服曰順伏侯古今注曰保之字曰守 安帝之子也母李氏爲閻皇后所害永寧元年立爲皇太子延光三年安帝乳母王聖大長秋江京 前書曰長秋皇后官本秦官將行也景帝更名大長秋或用中人或用士人秩二千石中興常用宦者 中常侍樊豐譖太子乳母王男廚監邴吉殺之太子數爲歎息王聖等懼有後禍遂與豐京共搆陷太子太子坐廢爲濟陰王明年三月安帝崩北鄉侯立濟陰王已廢黜不得上殿親臨梓宮悲號不食內外羣僚莫不哀之及北鄉侯薨車騎將軍閻顯及江京與中常侍劉安陳達等白太后祕不發喪而更徵立諸國王子乃閉宮門屯兵自守十一月丁巳京師及郡國十六地震是夜中黄門孫程等十九人 十九人見孫程傳 共斬江京劉安陳達等迎濟陰王於德陽殿西鍾下 漢官儀曰崇賢門內德陽殿也 即皇

汲古閣 毛氏

帝位年十一近臣尚書曰下從輦到南宮登雲臺召百官尚書令劉光等奏言孝安皇帝聖德明茂早弃天下陛下正統當奉宗廟而姦臣交搆遂令陛下龍潛蕃國（從太子廢爲王故曰龍潛蕃國）羣僚遠近莫不失望天命有常北鄉不永漢德盛明福祚孔章（孔甚也章明也）近臣建策左右扶翼內外同心稽合神明陛下踐祚奉遵鴻緒爲郊廟主承續祖宗無窮之烈上當天心下猒民望而即位倉卒典章多缺請條案禮儀分別具奏制曰可乃召公卿百僚使虎賁羽林士屯南北宮諸門（漢官儀曰書稱虎賁三百人言其猛怒如虎之奔赴也孝武建元三年初置期門平帝元始元年更名虎賁郎又武帝太初元年初置建章營騎後更名羽林以天有羽林之星故取名焉又取從軍死事之子孫養羽林官教以五兵號曰羽林孤兒光武中興以征伐之士勞苦者爲之故曰羽林士）閻顯兄弟聞帝立率兵入北宮尚書郭鎮與交鋒刃遂斬顯弟衛尉景戊午遣使者入省奪得璽綬乃幸嘉德殿遣侍御史持節收閻顯及其弟城門校尉耀執金吾晏並下獄誅己未開門罷屯兵壬戌詔司隸校尉惟閻顯

江京近親當伏辜誅其餘務崇寬貸壬申謁高廟癸酉謁光武廟乙亥詔益州刺史罷子午道通褒斜路子午道平帝時王莽通之三秦記曰子午長安正南山名秦領谷一名樊川褒斜漢中谷名南谷名褒北谷名斜首尾七百里己卯葬少帝以諸王禮司空劉授免東觀記曰以阿附惡逆辟召非其人策能賜公卿以下錢穀各有差十二月甲申以少府河南陶敦爲司空敦字文理京縣人也其令郡國守相視事未滿歲者一切得舉孝廉吏漢法視事滿歲乃得舉今帝新卽位施恩惠雖未滿歲得令舉人癸卯尚書奏請下有司收還延光三年九月丁酉以皇太子爲濟陰王詔書奏可京師大疫辛亥詔公卿郡守國相舉賢良方正能直言極諫之士各一人尚書令以下從輦幸南宮者皆增秩賜布各有差

永建元年春正月甲寅詔曰先帝聖德享祚未永早弃鴻烈姦慝緣間人庶怨讟上干和氣疫癘爲災朕奉承大業未能興濟蓋至理之本稽弘德惠蕩滌宿惡與人更始其大赦天下賜男子爵人

二級爲父後三老孝悌力田三級流民欲自占者一級鰥寡孤獨篤癃貧不能自存者粟人五斛貞婦帛人三匹坐法當徙勿徙亡徒當傳勿傳（徒因逃亡當傳捕者放之勿捕）宗室以罪絶皆復屬籍其與閻顯江京等交通者悉勿考勉修厥職以康我民辛未皇太后閻氏崩辛巳太傅馮石太尉劉熹司徒李郃免（馮石字次初東觀記曰馮劉以阿黨權貴李郃以人多疾疫免）二月甲申葬安思皇后丙戌太常桓焉爲太傅大鴻臚朱寵爲太尉參録尚書事長樂少府九江朱倀爲司徒（朱寵字仲威京兆杜陵人朱倀字孫卿壽春人也倀音丑良反）賜百官隨輦宿衛及拜除者布各有差隴西鍾羌叛護羌校尉馬賢討破之夏五月丁丑詔幽并涼州刺史使各實二千石以下至黄綬（實謂驗實之也二千石太守也黄綬丞尉也前書曰比二百石以上銅印黄綬）年老劣弱不任軍事者上名嚴勑障塞繕設屯備立秋之後簡習戎馬六月己亥封濟南王錯子顯爲濟南王秋七月庚午衛尉來歴爲車騎將軍八月鮮卑寇代郡代郡太守

李超戰歿九月辛亥初令三公尚書入奏事冬十月辛巳詔減死罪以下徙邊其亡命贖各有差丁亥司空陶敦免鮮卑犯邊庚寅遣黎陽營兵出屯中山北界告幽州刺史其令緣邊郡增置步兵列屯塞下調五營弩師郡舉五人令教習戰射調選也五營五校也謂長水步兵射聲胡騎車騎等五校尉也壬寅廷尉張皓爲司空甲辰詔以疫癘水潦令人半輸今年田租傷害什四以上勿收責不滿者以實除之十二月辛巳賜王主貴人公卿以下布各有差

二年春正月戊申樂安王鴻來朝丁卯常山王章薨二月鮮卑寇遼東玄菟甲辰詔稟貸荆豫兗冀四州流冗貧人所在安業之疾病致醫藥護烏桓校尉耿曄率南單于擊鮮卑破之三月旱遣使者錄囚徒疏勒國遣使奉獻夏六月乙酉追尊諡皇妣李氏爲恭愍皇后葬于恭北陵西域長史班勇敦煌太守張朗討焉耆尉犂

危須三國破之並遣子貢獻秋七月甲戌朔日有食之壬午太尉朱寵司徒朱倀罷庚子太常劉光爲太尉錄尚書事光祿勳許敬爲司徒 劉光字仲遼卽太尉劉矩之弟許敬字鴻卿平輿人 辛丑下邳王成薨

三年春正月丙子京師地震漢陽地陷裂甲午詔實覈傷害者賜年七歲已上錢人二千一家被害郡縣爲收斂乙未詔勿收漢陽今年田租口賦夏四月癸卯遣光祿大夫案行漢陽及河內魏郡陳留東郡稟貸貧人六月旱遣使者錄囚徒理輕繫甲寅濟南王顯薨秋七月丁酉茂陵園寢災帝縞素避正殿 爾雅曰縞皓也繒之精白者曰縞 辛亥使太常王龔持節告祠茂陵九月鮮卑寇漁陽冬十二月己亥太傅桓焉免 東觀記曰無清介辟召策罷 是歲車騎將軍來歷罷

四年春正月丙寅詔曰朕託王公之上涉道日寡政失厥中陰陽氣隔寇盜肆暴庶獄彌繁憂悴永歎疢如疾首詩云君子如祉亂

庶邀巳解見章紀三朝之會朔旦立春嘉與海內洗心自新其赦天下從甲寅赦令已來復秩屬籍三年正月已來還贖其閹顯江京等知識婚姻禁錮一原除之妻父曰婚壻父曰姻一猶皆也務崇寛和敬順時令遵典去苛以稱朕意丙子帝加元服冠也賜王主貴人公卿以下金帛各有差賜男子爵及流民欲占者人一級爲父後三老孝悌力田人二級鰥寡孤獨篤癃貧不能自存帛人一匹二月戊戌詔以民入山鑿石發洩藏氣勑有司檢察所當禁絕如建武永平故事夏五月壬辰詔曰海內頗有災異朝廷修政太官減膳珍玩不御而桂陽太守文礱音力公反不惟竭忠宣暢本朝而遠獻大珠以求幸媚今封以還之五州雨水秋八月庚子遣使實覈死亡收斂稟賜丁巳太尉劉光司空張晧免東觀記曰以陰陽不和久託病策罷九月復安定北地上郡歸舊土安帝永初五年徙今復之癸酉大鴻臚龐參爲太尉錄尚書事太常王龔爲司空

冬十一月庚辰司徒許敬免東觀記曰爲陵轢使者策罷以千石祿終身鮮卑寇朔方十二月乙卯宗正劉崎爲司徒崎字叔峻華陰人也是歲分會稽爲吳郡枸彌國遣使貢獻

五年春正月疏勒王遣侍子及大宛莎車王皆奉使貢獻夏四月京師旱辛巳詔郡國貧人被災者勿收責今年過更京師及郡國十二蝗冬十月丙辰詔郡國中都官死罪繫囚皆減罪一等詣北地上郡安定戍乙亥定遠侯班始坐殺其妻陰城公主腰斬始班超孫也尚順帝姑陰城公王東觀記曰陰城公主名賢得同產皆棄市

六年春二月庚午河間王開薨三月辛亥復伊吾屯田章帝建初二年罷也復置伊吾司馬一人秋九月辛巳繕起太學護烏桓校尉耿曄遣兵擊鮮卑破之丁酉于闐王遣侍子貢獻冬十一月辛亥詔曰連年災潦冀部尤甚比蠲除實傷贍恤窮匱而百姓猶有弃業流亡不

絕疑郡縣用心怠惰恩澤不宣易美損上益下書稱安民則惠易益卦曰損上益下人悅無疆惠愛也尚書曰安人則惠黎人懷之其令冀部勿收今年田租芻稾十二月日南徼外葉調國撣國遣使貢獻東觀記曰葉調國王遣使師會詣闕貢獻以師會爲漢歸義葉調邑君賜其君紫綬及撣國王雍田亦賜金印紫綬撣音擅壬申客星出牽牛于闐王遣侍子詣闕貢獻

陽嘉元年春正月乙巳立皇后梁氏賜爵人二級三老孝悌力田三級爵過公乘得移與子若同產同產子民無名數及流民欲占著者人一級鰥寡孤獨篤癃貧不能自存者粟人五斛二月海賊曾旌等寇會稽殺句章鄞鄮三縣長三縣皆屬會稽郡鄮縣今越州縣也句章故城在今鄮縣西鄞故城在鄮縣東南鄞音銀鄮音茂攻會稽東部都尉詔緣海縣各屯兵戍丁巳皇后謁高廟光武廟詔稟甘陵貧人大小口各有差京師旱庚申勑郡國二千石各禱名山嶽瀆遣大夫謁者詣嵩高首陽山并祠河洛請雨首陽山在洛陽東北也戊辰雩㠯冀部比年水潦民食不贍詔案行稟貸勸農功賑

乏之絶甲戌詔曰政失厥和陰陽隔并冬鮮宿雪春無澍雨分禱祈請靡神不禜說文曰禜設緜蕝爲營以祈水旱禜音詠詩曰靡神不舉深恐在所慢違如在之義論語曰祭神如神在今遣侍中王輔等持節分詣岱山東海滎陽河洛盡心祈焉濟水四瀆之一至河南溢爲滎澤故於滎陽祠焉三月揚州六郡妖賊章河等寇四十九縣殺傷長吏庚寅帝臨辟雍饗射大赦天下改元陽嘉詔宗室絶屬籍者一切復籍稟冀州尤貧民勿收今年更租口賦夏五月戊寅阜陵王恢薨秋七月史官始作候風地動銅儀時張衡爲太史令作之丙辰以太學新成試明經下第者補弟子增甲乙科員各十人前書音義曰甲科謂作簡策難問列置案上在試者意投射取而答之謂之射策上者爲甲次者爲乙若錄政化得失顯而問之謂之對策也除郡國耆儒九十人補郎舍人九月詔郡國中都官繫囚皆減死一等亡命者贖各有差鮮卑寇遼東冬十一月甲申望都蒲陰狼殺女子九十七人望都縣名屬中山國今定州縣也章帝改曲逆爲蒲陰亦屬中山與望都相近故城在今定州北東觀記亦作蒲本多作滿字者誤也東觀記又云爲不祠北岳所致詔曰政失厥中狼災爲應至乃殘食孤幼博訪其故山岳尊靈國所望秩而比不奉祠淫刑

放濫害加孕婦也詔賜狼所殺者錢人三千辛卯初令郡國舉孝廉限年四十以上諸生通章句文吏能牋奏乃得應選其有茂才異行若顏淵子奇不拘年齒史記曰顏回魯人好學年二十九髮盡白早死新序曰子奇年十八齊君使之化阿至阿鑄其庫兵以爲耕器出倉廩以賑貧窮阿縣大化十二月丁未東平王敞薨庚戌復置玄菟郡屯田六郡閏月丁亥令諸以詔除爲郎年四十以上課試如孝廉科者得參廉選歲舉一人戊子客星出天苑辛卯詔曰間者以來吏政不勤故災咎屢臻盜賊多有退省所由皆以選舉不實官非其人是以天心未得人情多怨書歌股肱詩刺三事尚書益稷篇帝作歌曰元首明哉股肱良哉詩小雅曰三事大夫莫肯夙夜邦君諸侯莫肯朝夕也今刺史二千石之選歸任三司三司三公也卽太尉司空司徒也歸猶委任也其簡序先後精覈高下歲月之次文武之宜務存厥中庚子恭陵百丈廡災恭陵安帝陵也廡廊屋也說文曰堂下周屋曰廡也是歲起西苑修飾宮殿

二年春二月甲申詔以吳郡會稽飢荒貸人種糧三月使匈奴中

郎將王稠率左骨都侯等擊鮮卑破之辛酉除京師耆儒年六十已上四十八人補郎舍人及諸王國郎夏四月復置隴西南部都尉官武帝元朔四年初置南部都尉於隴西臨洮縣中興以來廢至此復置之也己亥京師地震五月庚子詔曰朕以不德統奉鴻業無以奉順乾坤協序陰陽災害屢見咎徵仍臻地動之異發自京師矜矜祗畏不知所裁羣公卿士將何以匡輔不逮奉荅戒異異不空設必有所應其各悉心直言厥咎靡有所諱戊午司空王龔免六月辛未太常魯國孔扶爲司空扶字仲淵疏勒國獻師子封牛東觀記曰疏勒王盤遣使文時詣闕師子似虎正黃有頿耏尾端茸毛大如斗封牛其領上肉隆起若封然因以名之即今之峯牛丁丑洛陽地陷是月旱秋七月己未太尉龐參免八月己巳大鴻臚沛國施延爲太尉延字君子蘄縣人也鮮卑寇代郡冬十月庚午行禮辟雍奏應鍾始復黃鍾作樂器隨月律子爲黃鍾律長九寸聲有輕重長短度量皆出黃鍾隨月律謂月令正月律中大蔟二月律中夾鍾三月律中姑洗四月律中仲呂五月律中蕤賓六月律中林鍾七月律中夷則八月律中南呂九月律中無射十月律中應鍾十一月律中黃鍾十二月律中大呂東觀記曰元和以來音戾不調修復如舊典旅音湊

三年春二月己丑詔以久旱京師諸獄無輕重皆且勿考竟須得澍雨三月庚戌益州盜賊劫質令長殺列侯夏四月丙寅車師後部司馬率後部王加特奴等掩擊匈奴大破之獲其季母五月戊戌制詔曰昔我太宗丕顯之德假于上下儉以恤民政致康乂朕秉事不明政失厥道天地譴怒大變仍見春夏連旱寇賊彌繁元元被害朕甚愍之嘉與海內洗心更始其大赦天下自殊死以下謀反大逆諸犯不當得赦者皆赦除之賜民年八十以上米人一斛肉二十斤酒五斗九十以上加賜帛人二匹絮三斤秋七月庚戌鍾羌寇隴西漢陽冬十月護羌校尉馬續擊破之十一月壬寅司徒劉崎司空孔扶免乙巳大司農南郡黃尚爲司徒光祿勳河東王卓爲司空黃尚字伯河南郡邔人也王卓字仲遼河東解人也邔音求紀反丙午武都塞上屯羌及外羌攻破屯官驅畧人畜

四年春二月丙子初聽中官得以養子爲後世襲封爵自去冬旱至于是月謁者馬賢擊鍾羌大破之夏四月甲子太尉施延免東觀記曰以選舉貪汚策罷也戊寅執金吾梁商爲大將軍前太尉龐參爲太尉六月己未梁王匡薨秋七月己亥濟北王登薨閏月丁亥朔日有食之冬十月烏桓寇雲中十一月度遼將軍耿曄於蘭池續漢志曰雲中郡沙南縣有蘭池城發諸郡兵救之烏桓退走十二月甲寅京師地震

永和元年春正月夫餘王來朝乙卯詔曰朕秉德不明災眚屢臻典籍所忌震食爲重今日變方遠地搖京師東觀記曰陽嘉四年詔曰朕以不德譴見于天零陵言日食京師不覺故此言日變方遠咎徵不虛必有所應羣公百僚其各上封事指陳得失靡有所諱己巳宗祀明堂登雲臺改元永和大赦天下秋七月偃師蝗冬十月丁亥承福殿火帝避御雲臺十一月丙子太尉龐參罷十二月象林蠻夷叛乙巳以前司空王龔爲太尉

二年春正月，武陵蠻叛，圍充縣，又寇夷道（充縣屬武陵郡，故城在澧州崇義縣東北。充音衝。夷道屬南郡也）。二月，廣漢屬國都尉擊破白馬羌。武陵太守李進擊叛蠻，破之。三月辛亥，北海王翼薨。乙卯，司空王卓薨。丁丑，光祿勳馮翊郭虔爲司空（虔字君賢，池陽人也）。夏四月丙申，京師地震。五月，日南叛蠻攻郡府。秋七月，九眞、交阯二郡兵反。八月庚子，熒惑犯南斗（熒惑，火星也。南斗，北方之宿也。前書音義曰：犯謂七寸內光芒相及）。江夏盜賊殺邾長（邾縣屬江夏郡，故城在今復州竟陵縣東。邾音朱）。冬十月甲申，行幸長安，所過鰥寡孤獨貧不能自存者賜粟，人五斛。庚子，幸未央宮，會三輔郡守、都尉及官屬，勞賜作樂。十一月丙午，祠高廟。丁未，遂有事十一陵。丁卯，京師地震。十二月乙亥，至自長安。

三年春二月乙亥，京師及金城、隴西地震，二郡山岸崩，地陷。戊子，太白犯熒惑。夏四月，九江賊蔡伯流寇郡界，及廣陵，殺江都長。戊戌，遣光祿大夫案行金城、隴西，賜壓死者年七歲已上錢，人二千一家皆被害爲收斂之除今年田租尤甚者勿收口賦閏月蔡伯流等率眾詣徐州刺史應志降（續漢書曰志字仲節汝南南頓人也曾祖父順）己酉京師地震五月吳郡丞羊珍反攻郡府太守王衡破斬之六月辛丑琅邪王遵薨九眞太守祝良交阯刺史張喬慰誘日南叛蠻降之嶺外平（續漢書曰祝良字邵卿長沙臨湘人）秋七月丙戌濟北王多薨八月己未司徒黃尚免九月己酉光祿勳長沙劉壽爲司徒（壽字伯長臨湘人也）丙戌令大將軍三公各舉故刺史二千石及見令長郎謁者四府掾屬剛毅武猛有謀謨任將帥者各二人特進卿校尉各一人冬十月燒當羌寇金城護羌校尉馬賢擊破之羌遂相招而叛十二月戊戌朔日有食之

四年春正月庚辰中常侍張逵蘧政楊定等有罪誅（事見梁商傳也）連及弘農太守張鳳安平相楊皓下獄死三月乙亥京師地震夏四月癸卯護羌校尉馬賢討燒當羌大破之戊午大赦天下賜民爵及眾

帛各有差五月戊辰封故濟北惠王壽子安爲濟北王秋八月太原郡旱民庶流宂癸丑遣光祿大夫案行稟貸除更賦冬十月戊午校獵上林苑歷函谷關而還十一月丙寅幸廣成苑

五年春二月戊申京師地震夏四月庚子中山王弘薨南匈奴左部句龍大人吾斯車紐等叛圍美稷（美稷縣屬西河郡也）五月度遼將軍馬續討吾斯車紐破之使匈奴中郎將陳龜迫殺南單于己丑晦日有食之且凍羌寇三輔殺令長（且音子余反）丁丑令死辠已下及亡命贖各有差九月令扶風漢陽築隴道塢三百所置屯兵辛未太尉王龔罷且凍羌寇武都燒隴關（隴山之關也今名大震關在今隴州汧源縣西也）壬午太常桓焉爲太尉丁亥徙西河郡居離石（離石縣名在郡南五百九里西河本都平定縣至此徙於離石）上郡居夏陽朔方居五原句龍吾斯等東引烏桓西收羌胡寇上郡立車紐爲單于冬十一月辛巳遣使匈奴中郎將張耽擊破之車紐降

六年春正月丙子征西將軍馬賢與且凍羌戰於射姑山賢軍敗没安定太守郭璜下獄死詔貸王侯國租一歲閏月鞏唐羌寇隴西遂及三輔二月丁巳有星孛于營室三月武都太守趙沖討鞏唐羌破之庚子司空郭虔免丁巳河間王政薨丙午太僕趙戒爲司空（戒字志伯蜀郡成都人也）夏五月庚子齊王無忌薨使匈奴中郎將張耽大破烏桓羌胡於天山（東觀記曰耽將吏兵繩索相懸上通天山）鞏唐羌寇北地秋七月甲午詔假民有貲者戶錢一千八月丙辰大將軍梁商薨壬戌河南尹梁冀爲大將軍九月諸種羌寇武威辛亥晦日有食之冬十月癸丑徙安定居扶風北地居馮翊十一月庚子吕執金吾張喬行車騎將軍事將兵屯三輔

漢安元年春正月癸巳宗祀明堂大赦天下改元漢安二月丙辰詔大將軍公卿舉賢良方正能探賾索隱者各一人（賾幽深也索求也）秋七

月始置承華廄（東觀記曰時以遠近獻馬衆多園廄充滿始置承華廄令秩六百石）八月南匈奴左部大人句龍吾斯與薁鞬臺耆等反叛（薁音於六反　鞬音居言反）丁卯遣侍中杜喬光祿大夫周舉守光祿大夫郭遵馮羡欒巴張綱周栩劉班等八人分行州郡班宣風化舉實臧否九月廣陵盜賊張嬰等寇郡縣冬十月辛未太尉桓焉司徒劉壽免甲戌行車騎將軍張喬罷十一月壬午司隸校尉趙峻爲太尉大司農胡廣爲司徒（峻字伯師下邳徐人也）癸卯詔大將軍三公選武猛試用有效驗任爲將校者各一人是歲廣陵賊張嬰等詣太守張綱降

二年春二月丙辰鄯善國遣使貢獻夏四月庚戌護羌校尉趙沖與漢陽太守張貢擊燒當羌於參繇破之（參繇縣屬安定郡繇音力全反）六月乙丑熒惑犯鎮星丙寅立南匈奴守義王兜樓儲爲南單于冬十月辛丑令郡國中都官繫囚殊死已下出縑贖各有差其不能入贖者遣

詔臨羌縣居作二歲甲辰減百官奉丙午禁沽酒又貸王侯國租一歲閏月趙沖擊燒當羌於阿陽破之（阿陽縣屬天水郡故城在今秦川隴城縣西北）十一月使匈奴中郎將馬寔遣人刺殺句龍吾斯十二月揚徐盜賊攻燒城寺殺略吏民是歲涼州地百八十震

建康元年春正月辛丑詔曰隴西漢陽張掖北地武威武都自去年九月已來地百八十震山谷坼裂壞敗城寺殺害民庶夷狄叛逆賦役重數內外怨曠惟咎歎息其遣光祿大夫案行宣暢恩澤惠此下民勿爲煩擾三月庚子沛王廣薨領護羌校尉衞琚追討叛羌破之（琚音居）南郡江夏盜賊寇掠城邑州郡討平之夏四月使匈奴中郎將馬寔擊南匈奴左部破之於是胡羌烏桓悉詣寔降辛巳立皇子炳爲皇太子改年建康大赦天下賜人爵各有差秋七月丙午清河王延平薨八月揚徐盜賊范容周生等寇掠城邑遣

御史中丞馮赦督州郡兵討之庚午帝崩于玉堂前殿時年三十

遺詔無起寢廟斂以故服珠玉玩好皆不得下

論曰古之人君離幽放而反國祚者有矣莫不矯鑒前違審識情僞無忘在外之憂 離遭也矯正也左傳曰晉侯在外十九年矣險阻艱難備嘗之矣人之情僞盡知之矣 故能中興其業觀夫順朝之政殆不然乎何其傚僻之多與 殆近也言順帝傚前之僻不能改正也

孝沖皇帝諱炳 謚法曰幼少在位曰沖司馬彪曰沖幼早夭故謚曰沖伏侯古今注曰炳之字曰明 順帝之子也母曰虞貴人建康元年立爲皇太子其年八月庚午即皇帝位年二歲尊皇后曰皇太后太后臨朝丁丑以太尉趙峻爲太傅大司農李固爲太尉參錄尚書事九月丙午葬孝順皇帝于憲陵 在洛陽西十五里陵高八丈四尺周三百步 廟曰敬宗是日京師及太原鴈門地震三郡水涌土裂庚戌詔三公特進侯卿校尉舉賢良方正幽逸修道之士各一人百僚皆上封事己未九江太守丘騰有罪下獄死 東觀記曰騰知罪法深大懷挾姦巧稽留道路下獄死也 揚

後漢六　十七

州刺史尹耀九江太守鄧顯討賊范容等於歷陽軍敗耀顯爲賊所殁冬十月日南蠻夷攻燒城邑交阯刺史夏方招誘降之壬申常山王儀薨己卯零陵太守劉康坐殺無辜下獄死十一月九江盜賊徐鳳馬勉等稱無上將軍攻燒城邑己酉令郡國中都官繫四減死一等徙邊謀反大逆不用此令十二月九江賊黃虎等攻合肥是歲羣盜發憲陵護羌校尉趙沖追擊叛羌於鸇陰河戰殁涼州姑臧縣東南有鸇陰縣故城因水以爲名

永嘉元年春正月戊戌帝崩于玉堂前殿年三歲淸河王蒜徵至京師

孝質皇帝諱纘謚法忠正無邪曰質古今注曰纘之字曰繼肅宗玄孫曾祖父千乘貞王伉祖父樂安夷王寵父勃海孝王鴻母陳夫人沖帝不豫大將軍梁冀徵帝到洛陽都亭及沖帝崩皇太后與冀定策禁中丙辰使冀持

節以王青蓋車迎帝入南宮丁巳封爲建平矦其日卽皇帝位年
八歲己未葬孝沖皇帝于懷陵在洛陽西北十五里伏矦古今注曰高四丈六尺周百八十三步 廣陵賊張
嬰等復反攻殺堂邑江都長堂邑縣屬廣陵郡今揚州六合縣也 九江賊徐鳳等攻殺曲
陽東城長曲陽縣屬九江郡在淮曲之陽故城在今豪州定遠縣西北東城縣故城在定遠縣東南也 甲申謁高廟乙酉謁
光武廟二月豫章太守虞續坐贓下獄死乙酉大赦天下賜人爵
及粟帛各有差還王矦所削戶邑彭城王道薨叛羌詣左馮翊梁
竝降三月九江賊馬勉稱皇帝九江都尉滕撫討馬勉范容周生
大破斬之東觀記曰傳勉頭及所帶玉印鹿皮冠黃衣詣洛陽詔懸夏城門外章示百姓 夏四月壬申雩庚辰濟北王
安薨丹陽賊陸宮等圍城燒亭寺丹陽太守江漢擊破之五月甲
午詔曰朕以不德託母天下布政不明每失厥中自春涉夏大旱
炎赫憂心京京爾雅曰京京憂也 故得禱祈明祀冀蒙潤澤前雖得雨而宿
麥頗傷比日陰雲還復開霽寤寐永歎重懷慘結寤覺也寐臥也詩曰寤寐永歎唯憂用老

將二千石令長不崇寬和暴刻之爲乎其令中都官繫囚罪非殊死考未竟者一切任出以須立秋任保也郡國有名山大澤能興雲雨者二千石長吏各絜齊請禱竭誠盡禮又兵役連年死亡流離或支骸不斂或停棺莫收朕甚愍焉昔文王葬枯骨人賴其德呂氏春秋曰周文王使人掘地得死人骸文王曰更葬之吏曰此無主文王曰有天下者天下之主今我非其主邪遂令吏以衣棺葬之天下聞之曰文王賢矣澤及枯骨又況人乎今遣使者案行若無家屬及貧無資者隨宜賜卹以慰孤魂是月下邳人謝安應募擊徐鳳等斬之丙辰詔曰孝殤皇帝雖不永休祚而即位踰年君臣禮成孝安皇帝承襲統業而前世遂令恭陵在康陵之上先後相踰失其次序非所以奉宗廟之重垂無窮之制昔定公追正順祀春秋善之魯閔公立二年而薨次僖公立僖雖是閔庶兄然嘗爲閔臣位次當在閔下後文公即位乃進僖公神位居閔之上左傳曰躋僖公逆祀也定公八年經書從祀先公從順也順祀謂退僖神位於閔下穀梁曰從祀先公貴正也其令恭陵次康陵憲陵次恭陵以序親秩爲萬世法六月鮮卑寇代郡秋七月庚寅阜陵王

代覺盧江盜賊攻尋陽又攻盱台音吁夷今楚州縣也滕撫遣司馬王章擊破之九月庚戌太傅趙峻薨冬十一月己丑南陽太守韓昭坐贓下獄死東觀記曰强賦一億五千萬檻車徵下獄丙午中郎將滕撫擊廣陵賊張嬰破之丁未中郎將趙序坐事弃市東觀記曰取錢縑三百七十五萬歷陽賊華孟自稱黑帝攻殺九江太守楊岑滕撫率諸將擊孟等大破斬之

本初元年春正月丙申詔曰昔堯命四子以欽天道四子謂羲仲羲叔和仲和叔也書曰乃命羲和欽若昊天鴻範九疇休咎有象尚書曰天乃錫禹洪範九疇孔安國注云洪大也範法也疇類也言天與禹洛出書神龜負文而出列於背有數至於九禹遂因而第之以成九類其八曰庶徵有休徵咎徵之應休美也咎惡也徵驗也人君行善政則百穀用成家用平康是休徵也政有乖失則百穀用不成家用不寧是咎徵也休之與咎皆象人君之政故言休咎有象也象或作家夫瑞以和降異因逆感禁微應大前聖所重言君政純和則瑞氣降若逆時令則灾異感所禁雖微其應乃大前聖所重卽謂唐堯欽若昊天箕子休咎之應頃者州郡輕慢憲防競逞殘暴造設科條陷入無罪或以喜怒驅逐長吏恩阿所私罰枉仇隙至令守闕訴訟前後不絕送故迎新人離其害怨氣傷和以致灾

尙書云明德愼罰眚過也明德愼罰尙書康誥之言方春東作育微敬始其赦有司罪非殊死且勿案驗㠯崇在寬言東作之時須育養細微敬事之始禮記月令孟春之月無殺蟲胎夭飛鳥無麛無卵慶賜遂行無有不當書曰敬敷五教五教在寬壬子廣陵太守王喜坐討賊逗留下獄死二月庚辰詔曰九江廣陵二郡數離寇害殘夷最甚謂比年張嬰寇廣陵華孟寇九江也生者失其資業死者委尸原野昔之爲政一物不得其所若已爲之尙書曰一夫弗獲則曰時予之辜況我元元嬰此困毒方春戒節賑濟乏厄掩骼埋胔之時月令孟春之月行慶施惠下及兆民又曰掩骼埋胔鄭玄注曰爲死氣逆生氣也骨枯曰骼肉腐曰胔其調比郡見穀出稟窮弱收葬枯骸務加埋卹㠯稱朕意夏四月庚辰令郡國舉明經年五十㠯上七十㠯下詣太學自大將軍至六百石皆遣子受業歲滿課試㠯高第五人補郎中次五人太子舍人又千石六百石四府掾屬三署郎四姓小侯先能通經者各令隨家法四府掾屬謂大將軍府掾屬二十九人太尉府掾屬二十四人司徒府三十一人司空府二十九人漢官左右中郎將皆秦官也比二千石三署郎皆屬焉三署謂五官署左右署也儒生爲詩者謂之詩家禮者謂之禮家故言各隨家法也四姓小侯解見明

紀也其高弟者上名牒當㠯次賞進五月庚寅徙樂安王爲勃海王海水溢戊申使謁者案行收葬樂安北海人爲水所漂沒死者又稟給貧羸庚戌太白犯熒惑六月丁巳大赦天下賜民爵及粟帛各有差閏月甲申大將軍梁冀潛行鴆弑帝崩于玉堂前殿年九歲丁亥太尉李固免戊子司徒胡廣爲太尉司空趙戒爲司徒與梁冀參錄尚書事太僕袁湯爲司空

贊曰孝順初立時髦允集爾雅曰髦俊也郭璞注曰士中之俊猶毛中之髦時張晧王龔龐參張衡李郃李固黃瓊之儔也匪砥匪革終淪嬖習砥礪也革改也淪沒也言順帝初升天位又羣賢總集不能因茲自礪改革前非而終溺於私嬖近習也謂封孫程等十九人爲矦又詔中官養子聽襲封爵之類保阿傅土后家世及保安也阿倚也言可依倚以取安傅姆之類也傳土謂阿母山陽君宋娥更相貨賂求增邑土也后家謂拜后父梁商爲大將軍商薨仍拜子冀爲大將軍弟不疑爲河南尹沖夭未識質弑㠯聰陵折在運天緒三終言陵遲夭折在於時運所以天之胤緒頻致三終也

孝順孝沖孝質帝紀第六

金陵書局仿汲古閣本刊

孝桓帝紀第七　　後漢書七

唐章懷太子賢注

孝桓皇帝諱志（諡法曰克敵服遠曰桓志之字曰意）肅宗曾孫也祖父河間孝王開父蠡吾侯翼（順帝時開上書願分蠡吾縣以封翼帝許之蠡吾故城在今瀛州博野縣西蠡音禮）母匽氏（諱明本蠡吾侯之媵妾史記曰匽姓咎繇之後也匽音偃）翼卒帝襲爵爲侯本初元年梁太后徵帝到夏門亭（洛陽城北面西頭門也門外有萬壽亭）將妻以女弟（妻音七計反）會質帝崩太后遂與兄大將軍冀定策禁中閏月庚寅使冀持節以王青蓋車（續漢志曰皇太子皇子皆安車朱班輪青蓋金華蚤故曰王青蓋車也）迎帝入南宮其日卽皇帝位時年十五太后猶臨朝政（東觀記曰太后御卻非殿）秋七月乙卯葬孝質皇帝于靜陵（在洛陽東南三十里陵高五丈五尺周百三十八步）齊王喜薨辛巳謁高廟光武廟丙戌詔曰孝廉廉吏皆當典城牧民禁姦舉善興化之本恆必由之詔書連下分明懇惻而在所翫習遂至怠慢選舉乖錯害及元元頃雖頗繩正猶未懲改方今淮夷未殄軍師屢出（本初元年廬江賊攻盱台

廣陵賊張嬰等殺江都長盱台江都並近淮故言淮夷時中郎將滕撫屢擊破之其餘衆猶未殄也百姓疲悴困於徵發庶望羣吏惠我勞民蠲滌貪穢以祈休祥其令秩滿百石十歲以上有殊才異行廼得參選臧吏子孫不得察舉杜絕邪僞請託之原令廉白守道者得信其操信音申古字通各明守所司將覽厥後九月戊戌追尊皇祖河間孝王曰孝穆皇夫人趙氏曰孝穆皇后皇考蠡吾侯曰孝崇皇冬十月甲午尊皇母匽氏爲孝崇博園貴人博本漢蠡吾縣之地也帝旣追尊父爲孝崇皇其陵曰博陵置園廟焉故曰博園在今瀛州博野縣西貴人位次皇后金印紫綬

建和元年春正月辛亥朔日有食之詔三公九卿校尉各言得失戊午大赦天下賜吏更勞一歲男子爵人二級爲父後及三老孝悌力田人三級鰥寡孤獨篤癃貧不能自存者粟人五斛貞婦帛人三匹災害所傷什四以上勿收田租其不滿者以實除之二月荆揚二州人多餓死遣四府掾分行賑給沛國言黃龍見譙夏四

月庚寅京師地震詔大將軍公卿校尉舉賢良方正能直言極諫者各一人又命列侯將大夫御史謁者千石六百石將謂五官左右虎賁羽林中郎將也大夫謂光祿大夫大中大夫中散大夫諫議大夫博士議郎郎官各上封事指陳得失博士掌通古今比六百石議郎比六百石郎官謂三中郎將下之屬官也有中郎侍郎郎中又詔大將軍公卿郡國舉至孝篤行之士各一人壬辰詔州郡不得迫脅驅逐長吏長吏臧滿三十萬而不糾舉者刺史二千石以縱避爲罪若有擅相假印綬者與殺人同弃市論丙午詔郡國繫囚減死罪一等勿笞唯謀反大逆不用此書又詔曰比起陵塋作靜陵也彌歷時歲力役既廣徒隷尤勤頃雨澤不沾密雲復散儻或在茲易曰密雲不雨自我西郊其令徒作陵者減刑各六月是月立阜陵王代兄勃遒亭侯便爲阜陵王便光武元孫也阜陵王恢之子以順帝陽嘉中封教爲遒亭侯今改封也遒音子由反本傳作便親紀傳不同蓋有誤郡國六地裂水涌井溢續漢志曰水溢壞城寺室屋殺人時梁太后攝政兄冀枉殺李固杜喬芝草生中黃藏府漢官儀曰中黃藏府掌中幣帛金銀諸貨物也六月太尉胡廣罷大司農杜喬爲太尉

秋七月勃海王鴻薨章帝曾孫也樂安夷王寵之子質帝之父也梁太后改封勃海立帝弟蠡吾侯悝爲勃海王乙未立皇后梁氏九月丁卯京師地震太尉杜喬免冬十月司徒趙戒爲太尉戒字志伯蜀郡人也司空袁湯爲司徒前太尉胡廣爲司空十一月濟陰言有五色大鳥見于己氏續漢志曰時以爲鳳皇政既衰缺梁冀專權皆羽孽也己氏縣名屬濟陰郡故城在今宋州楚丘縣也古戎州己氏之邑也戊午減天下死罪一等戍邊清河劉文反殺國相謝暠欲立清河王蒜爲天子事覺伏誅蒜坐貶爲尉氏侯徙桂陽自殺尉氏縣屬陳留郡今汴州縣也前太尉李固杜喬皆下獄死續漢志曰順帝之末京都童謠曰直如弦死道邊曲如鉤反封侯曲如鉤謂梁冀胡廣等直如弦謂李固等陳留盜賊李堅自稱皇帝伏誅東觀記曰江舍及李堅等

二年春正月甲子皇帝加元服庚午大赦天下賜河閒勃海二王黃金各百斤河閒王建勃海王悝彭城諸國王各五十斤彭城王定公主大將軍三公特進侯中二千石二千石將大夫郎吏從官四姓及梁鄧小侯諸大夫㠯下帛各有差年八十㠯上賜米酒肉九十㠯上加帛二匹

綿三斤三月戊辰帝從皇太后幸大將軍梁冀府白馬羌寇廣漢屬國殺長吏益州刺史率板楯蠻討破之[板楯西南蠻之號]夏四月丙子封帝弟顧爲平原王奉孝崇皇祀尊孝崇皇夫人馬氏爲孝崇園貴人嘉禾生大司農帑藏[說文曰帑者金布所藏之府也帑佗朗反]五月癸丑北宮掖廷中德陽殿及左掖門火車駕移幸南宮六月改淸河爲甘陵立安平王得子經侯理爲甘陵王[安平今定州縣也經今貝州經城縣]秋七月京師大水河東言木連理冬十月長平陳景自號黃帝子署置官屬又南頓管伯亦稱眞人並圖舉兵悉伏誅

三年春三月甲申彭城王定薨夏四月丁卯晦日有食之[續漢志曰在東井二十三度東井主法梁太后枉殺公卿犯天法也]五月乙亥詔曰蓋聞天生蒸民不能相理爲之立君使司牧之君道得於下則休祥著乎上庶事失其序則咎徵見乎象[已上畧成帝詔詞]閒者日食毁缺陽光晦暗朕祗懼潛思匪遑啓處[遑暇也啓]

詭也詩小雅曰王事靡盬不遑啓處傳不云乎日食修德月食修刑公羊傳之文也昔孝章帝愍前世禁徙故建初之元並蒙恩澤流徙者使還故郡沒入者免爲庶民先皇德政可不務乎其自永建元年迄乎今歲凡諸妖惡支親從坐及吏民減死徙邊者悉歸本郡唯沒入者不從此令六月庚子詔大將軍三公特進侯其與卿校尉舉賢良方正能直言極諫之士各一人乙卯震憲陵寢屋秋七月庚申廉縣雨肉續漢志曰肉似羊肺或大如手五行傳云弃法律逐功臣時則有羊禍時則有赤眚赤祥是時梁太后攝政兄冀專權枉誅李固杜喬天下冤之廉縣屬北地郡也八月乙丑有星孛于天市前書曰旗星中四星名曰天市京師大水九月己卯地震庚寅地又震詔死罪已下及亡命者贖各有差郡國五山崩冬十月太尉趙戒免司徒袁湯爲太尉大司農河內張歆爲司徒歆字敬讓十一月甲申詔曰朕攝政失中災眚連仍三光不明陰陽錯序監寐寤歎疢如疾首監寐言雖寢而不寐也寤覺也今京師廝舍死者相枕廝舍賤役人之舍郡縣阡陌處處有之甚違周文

掩骼之義其有家屬而貧無以葬者給直人三千喪主布三匹若無親屬可於官壖地葬之壖官之餘地也前書音義曰壖城郭旁地音奴喚而戀二反表識姓名爲設祠祭又徒在作部疾病致醫藥死亡厚埋藏民有不能自振及流移者稟穀如科州郡檢察務崇恩施以康我民

和平元年春正月甲子大赦天下改元和平己亥詔曰曩者遭家不造先帝早世謂順帝崩也詩周頌曰閔予小子遭家不造鄭玄注云造成也言成王遭武王崩家道未成永惟大宗之重深思嗣續之福詢謀台輔稽之兆占既建明哲克定統業天人協和萬國咸寧元服已加將即委付而四方盜竊頗有未靜故假延臨政以須安謐幸賴股肱禦侮之助殘醜消蕩謂建和二年長安陳景反南頓管伯等謀反並伏誅民和年稔普天率土遐邇洽同遠覽復子明辟之義尚書曰周公曰朕復子明辟復還也子謂成王也辟君也謂周公攝政已久故復還明君之政於成王今太后亦還政於帝也近慕先姑歸授之法先姑謂安帝閻皇后也爾雅曰婦人謂夫之父曰舅夫之母曰姑在則曰君舅君姑歿則曰先舅先姑也及今令辰皇帝稱制羣公卿士虔恭爾位戮力一

意勉同斷金金者剛之物也言人能同心則其利可以斷之也易曰二人同心其利斷金展也大成則所望矣詩小雅曰允矣君子展也大成鄭玄注云允信也展成也大成謂致太平也言誠能致太平是所望也二月扶風妖賊裴優自稱皇帝伏誅裴姓優名也風俗通曰裴伯益之後甲寅皇太后梁氏崩三月車駕從幸北宮甲午葬順烈皇后夏五月庚辰尊博園匽貴人曰孝崇皇后秋七月梓潼山崩梓潼縣屬廣漢郡今始州縣也有梓潼水冬十一月辛巳減天下死罪一等徙邊戍

元嘉元年春正月京師疾疫使光祿大夫將醫藥案行癸酉大赦天下改元元嘉二月九江廬江大疫甲午河閒王建薨夏四月己丑安平王得薨河閒孝王開之子初爲樂成王後改曰安平京師旱任城梁國飢民相食司徒張歆罷光祿勳吳雄爲司徒秋七月武陵蠻叛冬十月司空胡廣罷十一月辛巳京師地震閏月庚午任城王崇薨太常黃瓊爲司空

二年春正月西域長史王敬爲于窴國所殺敬殺于窴王建故國人殺之丙辰京師

地震夏四月甲寅孝崇皇后匽氏崩庚午常山王豹薨五月辛卯葬孝崇皇后于博陵秋七月庚辰日有食之八月濟陰言黃龍見句陽縣名屬濟陰郡左傳曰盟于句瀆之丘是也故城在今曹州乘氏縣北一名穀丘金城言黃龍見允街允街縣名屬金城郡音緣皆冬十月乙亥京師地震十一月司空黃瓊免十二月特進趙戒爲司空右北平太守和旻坐臧下獄死

永興元年春二月張掖言白鹿見三月丁亥幸鴻池夏五月丙申大赦天下改元永興丁酉濟南王廣薨無子國除秋七月郡國三十二蝗河水溢百姓飢窮流宂道路至有數十萬戶冀州尤甚詔在所賑給乏絕安慰居業冬十月太尉袁湯免太常胡廣爲太尉司徒吳雄罷司空趙戒免以太僕黃瓊爲司徒光祿勳房植爲司空十一月丁丑詔減天下死罪一等徙邊戍是歲武陵太守應奉招誘叛蠻降之

二年春正月甲午大赦天下二月辛丑初聽刺史二千石行三年喪服癸卯京師地震詔公卿校尉舉賢良方正能直言極諫者各一人詔曰比者星辰謬越坤靈震動災異之降必不空發敕己修政庶望有補其輿服制度有踰侈長飾者皆宜損省長音直亮反郡縣務存儉約申明舊令如永平故事六月彭城泗水增長逆流張衡對策曰水者五行之首逆流者人君之恩不能下及而教逆也詔司隸校尉部刺史曰蝗災為害水變仍至五穀不登人無宿儲其令所傷郡國種蕪菁以助人食京師蝗東海朐山崩朐山名也在今海州朐山縣南九月丁卯朔日有食之詔曰朝政失中雲漢作旱雲漢詩大雅篇名也周宣王時大旱故作詩曰倬彼雲漢昭回于天鄭玄注云雲漢天河也倬然轉運於天時旱渴雨故宣王夜視天河望其候焉川靈涌水蝗蝝孳蔓殘我百穀太陽虧光饑饉薦臻其不被害郡縣當為飢餧者儲天下一家趣不糜爛則為國寶其禁郡國不得賣酒祠祀裁足太尉胡廣免司徒黃瓊為太尉閏月光祿勳尹頌為司徒頌字公孫鞏人減

天下死罪一等徙邊戍蜀郡李伯詐稱宗室當立爲太初皇帝伏誅冬十一月甲辰校獵上林苑遂至函谷關賜所過道傍年九十已上錢各有差太山琅邪賊公孫舉等反叛殺長吏

永壽元年春正月戊申大赦天下改元永壽二月司隸冀州飢人相食（司隸州郎洛陽）敕州郡賑給貧弱若王侯吏民有積穀者一切貣得十分之三（貣音吐得反又音徒得反）已助稟貸其百姓吏民者以見錢雇直（雇猶酬也）王侯須新租迺償（須待也）夏四月白烏見齊國六月洛水溢壞鴻德苑（續漢志曰水溢至津城門漂流人物時梁冀專政疾害忠良威權震主後遂誅滅也）南陽大水司空房植免太常韓縯爲司空（縯音翼善反）詔太山琅邪遇賊者勿收租賦復更筭三年又詔被水死流失屍骸者令郡縣鉤求收葬及所唐突壓溺物故七歲已上賜錢人二千壞敗廬舍亡失穀食尤貧者稟人二斛巴郡益州郡山崩（益州郡名也武帝置諸本無郡字者誤也）秋七月初置太山琅邪都尉官（漢官儀曰秦郡有尉一人典兵禁捕盜賊景帝更名都尉建武

十年省唯邊郡往往置都尉及屬國都尉今二郡寇賊不息故置南匈奴左臺且渠伯德等叛寇美稷美稷西河縣也安定屬國都尉張奐討除之

二年春正月初聽中官得行三年服中官常侍以下二月甲申東海王臻薨三月蜀郡屬國夷叛秋七月鮮卑寇雲中太山賊公孫舉等寇青兗徐三州遣中郎將段熲討破斬之冬十一月置太官右監丞官漢官儀曰太官右監丞秩比六百石也十二月京師地震

三年春正月己未大赦天下夏四月九真蠻夷叛太守兒式討之戰歿遣九真都尉魏朗擊破之復屯據日南閏月庚辰晦日有食之六月初召小黃門爲守宮令置冗從右僕射官漢官儀曰守宮令一人黃門冗從僕射一人並秩六百石京師蝗秋七月河東地裂冬十一月司徒尹頌薨長沙蠻叛寇益陽縣名屬長沙國在益水之陽今潭州縣也故城在縣東司空韓縯爲司徒太常北海孫朗爲司空朗字代平

延熹元年春三月己酉初置鴻德苑令漢官儀曰苑令一人秩六百石夏五月己酉大會公卿已下賞賜各有差甲戌晦日有食之京師蝗六月戊寅大赦天下改元延熹丙戌分中山置博陵郡已奉孝崇皇園陵博陵郡故城在今瀛州博野縣也後徙安平大雩秋七月己巳雲陽地裂甲子太尉黃瓊免太常胡廣爲太尉冬十月校獵廣成遂幸上林苑十二月鮮卑寇邊使匈奴中郎將張奐率南單于擊破之

二年春二月鮮卑寇鴈門己亥阜陵王便薨蜀郡夷寇蠶陵殺縣令三月復斷刺史二千石行三年喪夏京師雨水六月鮮卑寇遼東秋七月初造顯陽苑置丞丙午皇后梁氏崩乙丑葬懿獻皇后于懿陵大將軍梁冀謀爲亂八月丁丑帝御前殿詔司隸校尉張彪將兵圍冀第收大將軍印綬冀與妻皆自殺衛尉梁淑河南尹梁胤屯騎校尉梁讓越騎校尉梁忠長水校尉梁戟等及中外宗

親數十人皆伏誅太尉胡廣坐免司徒韓縯司空孫朗下獄東觀記曰並坐不衞宮止長壽亭減死一等以爵贖之壬午立皇后鄧氏追廢懿陵爲貴人冢詔曰梁冀姦暴濁亂王室孝質皇帝聰敏早茂冀心懷忌畏私行殺毒永樂太后親尊莫二和平元年有司奏太后所居皆以永樂爲稱置官屬太僕少府焉冀又遏絕禁還京師謂太后常居博園不得在洛陽使朕離母子之愛隔顧復之恩禍害深大罪釁日滋賴宗廟之靈及中常侍單超徐璜具瑗左悺說文曰悹憂也音工奐反今作心旁官卽悹字也今相傳音綰唐衡尚書令尹勳等激憤建策內外協同漏刻之閒桀逆梟夷梟縣首於木也斯誠社稷之祐臣下之力宜班慶賞以酬忠勳其封超等五人爲縣侯勳等七人爲亭侯五縣侯謂單超新豐侯徐璜武原侯具瑗東武陽侯左悺上蔡侯唐衡汝陽侯七亭侯謂尹勳宜陽都鄉霍諝鄴都亭張敬山陽西鄉歐陽參修武仁亭李瑋宜陽金門虞放冤句呂都亭周永下邳高遷鄉於是舊故恩私多受封爵大司農黃瓊爲太尉光祿大夫中山祝恬爲司徒恬字伯休盧奴人大鴻臚梁國盛允爲司空允字伯代初置祕書監官漢官儀祕書監一人秩六百石冬十月壬申行幸長安乙酉幸未央宮

甲午祠高廟十一月庚子遂有事十一陵壬寅中常侍單超爲車騎將軍十二月己巳至自長安賜長安民粟人十斛園陵人五斛行所過縣三斛燒當等八種羌叛寇隴右護羌校尉段熲追擊於羅亭破之（東觀記曰追到積石山即與羅亭相近在今鄯州也）天竺國來獻

三年春正月丙申大赦天下丙午車騎將軍單超薨閏月燒當羌叛寇張掖護羌校尉段熲追擊於積石大破之（積石山在今鄯州龍支縣南即禹貢云導河積石是也）白馬令李雲坐直諫下獄死夏四月上郡言甘露降五月甲戌漢中山崩六月辛丑司徒祝恬薨七月司空盛允爲司徒太常虞放爲司空（放字子仲陳留人也）長沙蠻寇郡界九月太山琅邪賊勞丙等復叛寇掠百姓遣御史中丞趙某（史闕名）持節督州郡討之丁亥詔無事之官權絕奉豐年如故冬十一月日南蠻賊率衆詣郡降勒姐羌圍允街（勒姐羌號也姐音子野反）段熲擊破之太山賊叔孫無忌攻殺都尉侯章十二月

遣中郎將宗資討破之武陵蠻寇江陵車騎將軍馮緄討皆降散荆州刺史度尚討長沙蠻平之

四年春正月辛酉南宮嘉德殿火戊子丙署火丙署署名也續漢志曰丙署長七人秩百石黃綬宦者爲之主中宮別處大疫二月壬辰武庫火司徒盛允免大司農种暠爲司徒三月省冗從右僕射官永壽三年置太尉黃瓊免夏四月太常劉矩爲太尉甲寅封河間王開子博爲任城王五月辛酉有星孛于心丁卯原陵長壽門火己卯京師雨雹東觀記曰大如雞子續漢志曰誅殺過差寵小人也六月京兆扶風及涼州地震庚子岱山及博尤來山並頹裂博今博城縣也太山有徂來山一名尤來己酉大赦天下司空虞放免前太尉黃瓊爲司空犍爲屬國夷寇鈔百姓益州刺史山昱擊破之零吾羌與先零諸種並叛寇三輔秋七月京師雩減公卿㠯下奉貣王侯半租占賣關內侯虎賁羽林緹騎營士五大夫錢各有差九月司空黃瓊免大鴻臚劉寵爲司空冬

十月，天竺國來獻。南陽黃武與襄城惠得、昆陽樂季訞言相署，皆伏誅。先零、沈氏羌與諸種羌寇并涼二州，十一月，中郎將皇甫規擊破之。十二月，夫餘王遣使來獻。

五年春正月，省大官右監丞。（永壽三年置）壬午，南宮丙署火。三月，沈氏羌寇張掖、酒泉。壬午，濟北王次薨。夏四月，長沙賊起，寇桂陽、蒼梧。（東觀記曰：時攻沒蒼梧，取銅虎符，太守甘定、刺史侯輔各奔出城。桂陽郡在桂水之陽，今連州縣。）驚馬逸象突入宮殿。乙丑，恭陵東闕火。（安帝陵也）戊辰，虎賁掖門火。己巳，太學西門自壞。五月，康陵園寢火。（殤帝陵也）長沙、零陵賊起，攻桂陽、蒼梧、南海、交阯，遣御史中丞盛修督州郡討之，不克。乙亥，京師地震。詔公卿各上封事。甲申，中藏府承祿署火。秋七月己未，南宮承善闥火。（爾雅曰：宮中門謂之闈。廣雅曰：闈謂之闥。）鳥吾羌寇漢陽、隴西、金城，諸郡兵討破之。八月庚子，詔減虎賁、羽林住寺不任事者半奉，勿與冬衣。（東觀記曰：以京師水旱疫病，帑藏空虛，虎賁、羽林不任事者住寺，減半奉。據此，謂簡選疲弱不勝軍事者留住寺也。）其公卿㠯下給冬衣之半艾縣賊焚燒長沙郡縣寇益陽殺令東觀記曰時賊乘刺史車屯據臨湘居太守舍賊萬人以上屯益陽殺長吏艾縣名屬豫章郡故城在今洪州建昌縣又零陵蠻亦叛寇長沙己卯罷琅邪都尉官永壽元年置冬十月武陵蠻叛寇江陵南郡太守李肅坐奔北弃市辛丑以太常馮緄爲車騎將軍討之假公卿以下奉又換王侯租以助軍糧出濯龍中藏錢還之十一月馮緄大破叛蠻於武陵京兆虎牙都尉宗謙坐臧下獄死京兆虎牙都尉屯長安見西羌傳滇那羌寇武威張掖酒泉太尉劉矩免太常楊秉爲太尉

六年春二月戊午司徒种暠薨三月戊戌大赦天下衛尉潁川許栩爲司徒栩字季關鄢人夏四月辛亥康陵東署火五月鮮卑寇遼東屬國秋七月甲申平陵園寢火平陵昭帝陵也桂陽盜賊李研等寇郡界武陵蠻復叛太守陳奉與戰大破降之隴西太守孫羌討滇那羌破之八月車騎將軍馮緄免冬十月丙辰校獵廣成遂幸函谷關上林苑

十一月，司空劉寵免。南海賊寇郡界。十二月，衛尉周景爲司空。

七年春正月庚寅，沛王榮薨。三月癸亥，隕石于鄠。夏四月丙寅，梁王成薨。五月己丑，京師雨雹。秋七月辛卯，趙王乾薨。野王山上有死龍。荆州刺史度尚擊零陵、桂陽盜賊及蠻夷，大破平之。冬十月壬寅，南巡狩。庚申，幸章陵，祠舊宅，遂有事于園廟，賜守令已下各有差。戊辰，幸雲夢，臨漢水。還，幸新野，祠湖陽、新野公主，魯哀王、壽張敬侯廟。（光武姊湖陽長公主，新野長公主，兄魯哀王，舅壽張敬侯樊重，並光武時立廟。）護羌校尉段熲擊當煎羌，破之。十二月辛丑，車駕還宮。

八年春正月，遣中常侍左悺之苦縣，祠老子。（史記曰：老子者，楚苦縣厲鄉曲仁里人也，名耳，字聃，姓李氏，爲周守藏史。有神廟，故就祠之。苦縣屬陳國，故城在今亳州谷陽縣也。苦音戶，又如字。）勃海王悝謀反，降爲癭陶王。（癭陶縣屬鉅鹿郡，故城在今趙州癭陶縣西南。）丙申晦，日有食之。詔公卿校尉舉賢良方正。己酉，南宮嘉德署黄龍見。千秋萬歲殿火。太僕左稱有辠，自殺。癸亥，皇后鄧氏廢河南尹鄧萬世（鄧后之叔父）虎賁中郎將鄧會下獄死（鄧后之兄子）護羌校尉段熲擊罕姐羌破之三月辛巳大赦天下夏四月甲寅安陵園寢火（惠帝陵也）丁巳壞郡國諸房祀（房謂祠堂也王渙傳曰時唯密縣存故太傅卓茂廟洛陽留令王渙祠）濟陰東郡濟北河水淸五月壬申罷太山都尉官（永壽元年置）丙戌太尉楊秉免丙辰緱氏地裂桂陽胡蘭朱蓋等復反攻沒郡縣轉寇零陵零陵太守陳球拒之遣中郎將度尚長沙太守抗徐等擊蘭蓋大破斬之（謝承書曰抗徐字伯徐丹陽人少爲郡佐史有膽智策畧三府表徐有將率之任特遷長沙太守風俗通曰衞大夫三抗之後漢有抗喜爲漢中太守）蒼梧太守張敘爲賊所執又桂陽太守任胤背敵畏懦皆弃市閏月甲午南宮長秋和歡殿後鉤楯掖庭朔平署火（長秋宮名漢官曰朔平署司馬一人）六月段熲擊當煎羌於湟中大破之（湟水名在今鄯州湟水縣）秋七月太中大夫陳蕃爲太尉八月戊辰初令郡國有田者畝斂稅錢（畝十錢也）九月丁未京師地震冬十月司空周景免太常劉茂爲司空（茂字叔盛彭城人也）辛巳立貴人竇氏爲皇后勃

海妖賊蓋登等蓋音古盍反稱太上皇帝有玉印珪璧鐵券相署置皆伏誅續漢書曰時登等有玉印五皆如白石文曰皇帝信璽皇帝行璽其三無文字璧二十二珪五鐵券十一開王廟帶玉綬衣絳衣相署置也十一月壬子德陽殿西閤黃門北寺火延及廣義神虎門燒殺人廣義神虎洛陽宮西門也在金商門外袁山松書曰是時連月火災諸宮寺或一日再三發又夜有訛言擊鼓相驚陳蕃等上疏諫曰唯善政可以已之書奏不省使中常侍管霸之苦縣祠老子

九年春正月辛亥朔日有食之詔公卿校尉郡國舉至孝沛國戴異得黃金印無文字遂與廣陵人龍尚等共祭井作符書稱太上皇伏誅東觀記曰戴異鉏田得金印到廣陵以與龍尚己酉詔曰比歲不登人多飢窮又有水旱疾疫之困盜賊徵發南州尤甚謂長沙桂陽零陵等郡也並屬荆州災異日食譴告累至政亂在予仍獲咎徵其令大司農絕今歲調度徵求及前年所調未畢者勿復收責其災旱盜賊之郡勿收租餘郡悉半入三月癸巳京師有火光轉行人相驚譟司隸豫州飢死者什四五至有滅

戶者遣三府掾賑稟之陳留太守韋毅坐臧自殺夏四月濟陰東郡濟北平原河水淸司徒許栩免五月太常胡廣爲司徒六月南匈奴及烏桓鮮卑寇緣邊九郡秋七月沈氏羌寇武威張掖詔舉武猛三公各二人卿校尉各一人太尉陳蕃免庚午祠黃老於濯龍宮遣使匈奴中郎將張奐擊南匈奴烏桓鮮卑九月光祿勳周景爲太尉南陽太守成瑨太原太守劉質並以譖弃市時小黃門趙津犯法質考殺之宦官怨恚有司承旨奏瑨等司空劉茂免大秦國王遣使奉獻時國王安敦獻象犀角玳瑁冬十二月洛城傍竹栢枯傷光祿勳汝南宣酆爲司空酆字伯應封東陽亭侯南匈奴烏桓率衆詣張奐降司隸校尉李膺等二百餘人受誣爲黨人並坐下獄書名王府河內牢修告之事具劉淑傳

永康元年春正月先零羌寇三輔中郎將張奐破平之當煎羌寇武威護羌校尉段熲追擊於鸞鳥大破之鸞鳥縣名屬武威郡鸞音雚西羌悉平夫

餘王寇玄菟太守公孫域與戰破之夏四月先零羌寇三輔五月丙申京師及上黨地裂廬江賊起寇郡界壬子晦日有食之詔公卿校尉舉賢良方正六月庚申大赦天下悉除黨錮改元永康時李膺等頗引宦者子弟宦官多懼請帝以天時當赦帝許之故除黨錮也丙寅阜陵王統薨秋八月魏郡言嘉禾生甘露降巴郡言黃龍見續漢志曰時人欲就池浴見池水濁因戲相恐此中有黃龍語遂行人間郡欲以為美故上言之時史以書帝紀桓帝政化衰缺而多言瑞應皆此類也先儒言瑞興非時則為妖孽而人言生龍皆龍孽也六州大水勃海海溢詔州郡賜溺死者七歲已上錢人二千一家皆被害者悉為收斂其亡失穀食稟人三斛冬十月先零羌寇三輔使匈奴中郎將張奐擊破之十一月西河言白兔見十二月壬申復廮陶王悝為勃海王丁丑帝崩于德陽前殿年三十六戊寅尊皇后曰皇太后太后臨朝是歲復博陵河間二郡比豐沛

論曰前史稱桓帝好音樂善琴笙前史謂東觀記飾芳林而考濯龍之宮薛綜

注東京賦云濯龍殿名芳林謂兩旁樹木蘭也考成也旣成而祭之左傳曰考仲子之宮也設華蓋以祠浮圖老子浮圖今佛也續漢志曰祀老子於濯龍宮文罽爲壇飾淳金銀器設華蓋之坐用郊天樂斯將所謂聽於神乎左傳曰史嚚曰國將興聽於人將亡聽於神及誅梁冀奮威怒天下猶企其休息而五邪嗣虐流衍四方五邪謂單超徐璜左悺唐衡具瑗也自非忠賢力爭屢折姦鋒忠賢謂李膺陳蕃竇武黃瓊朱穆劉淑劉陶等各上書極諫以折宦官等姦謀之鋒也雖願依斟流彘亦不可得已帝王紀曰夏帝相爲羿所逐相迺適都商丘依同姓諸侯斟灌斟尋氏史記曰周厲王好利暴虐周人相與畔而襲厲王王出奔于彘言帝寵幸宦豎令執威權賴忠臣李膺等竭力諫爭以免篡弒之禍不然則雖願如夏相依斟周王流彘不可得也斟灌斟尋國故城在今青州彘晉地也

贊曰桓自宗支越躋天祿越謂非次也躋升也天祿天位也左傳子家羈曰天祿不再政移五倖刑淫三獄倖佞也淫濫也五倖即上五邪也三獄謂李固杜喬李雲杜衆成瑨劉瓆也傾宮雖積皇身靡續帝王紀曰紂多發美女以充傾宮之室婦人衣綾紈者三百餘人據桓帝納三皇后又博採宮女五六千人並無子也

孝桓帝紀第七

孝靈帝紀第八　後漢書八

唐章懷太子賢注

孝靈皇帝諱宏謚法曰亂而不損曰靈伏侯古今注曰宏之字曰大肅宗玄孫也曾祖河間孝王開祖淑父萇世封解瀆亭侯淑以河間王子封爲解瀆亭侯萇襲父封故言世封也解瀆亭在今定州義豐縣東北也帝襲侯爵母董夫人桓帝崩無子皇太后與父城門校尉竇武定策禁中使守光祿大夫劉儵持節將左右羽林至河間奉迎續漢志曰桓帝之初京都童謠曰城上烏尾畢逋公爲吏子爲徒一徒死百乘車車班班入河間河間姹女工數錢以錢爲室金爲堂石上慊慊舂黃粱粱下有懸鼓我欲擊之丞卿怒城上烏者處高獨食不與下共謂人主多聚斂也公爲吏子爲徒者言蠻夷叛逆父既爲軍吏子弟又爲卒徒往擊之也一徒死百乘車者言前一人討胡既死矣後又遣百乘車往也車班班者言乘輿班班入河間迎靈帝也姹女數錢言帝既立其母永樂太后好聚金以爲堂室也石上慊慊者言太后雖積金錢猶慊慊常若不足使人舂黃粱而食之也我欲擊之者言太后教帝使賣官受錢天下忠篤之士怨望欲擊鼓求見卿懸鼓者復怒而止我也

建寧元年春正月壬午城門校尉竇武爲大將軍己亥帝到夏門亭東觀記曰到夏門外萬壽亭羣臣謁見使竇武持節以王青蓋車迎入殿中庚子即皇帝

位年十二改元建寧以前太尉陳蕃爲太傅與竇武及司徒胡廣參錄尚書事使護羌校尉段熲討先零羌二月辛酉葬孝桓皇帝于宣陵（在洛陽東南三十里高十二丈周三百步）廟曰威宗庚午謁高廟辛未謁世祖廟大赦天下賜民爵及帛各有差段熲大破先零羌於逢義山（山在今原州高平縣逢一作逄）閏月甲午追尊皇祖爲孝元皇夫人夏氏爲孝元皇后考爲孝仁皇夫人董氏爲愼園貴人（愼園在今瀛州樂壽縣東南俗呼爲二皇陵）夏四月戊辰太尉周景薨司空宣酆免長樂衛尉王暢爲司空五月丁未朔日有食之詔公卿已下各上封事及郡國守相舉有道之士各一人又故刺史二千石淸高有遺惠爲衆所歸者皆詣公車太中大夫劉矩爲太尉六月京師雨水秋七月破羌將軍段熲復破先零羌於涇陽（涇陽縣名屬安定故城在原州涼縣南也）八月司空王暢免宗正劉寵爲司空九月丁亥中常侍曹節矯詔誅太傅陳蕃大將軍竇武及尚書令尹勳侍中劉瑜

屯騎校尉馮述皆夷其族皇太后遷于南宮（太后與竇武密謀欲誅曹節今武等旣誅故太后被遷）司徒胡廣爲太傅錄尚書事司空劉寵爲司徒大鴻臚許栩爲司空冬十月甲辰晦日有食之令天下繫囚罪未決入縑贖各有差十一月太尉劉矩免太僕沛國聞人襲爲太尉（姓聞人名襲字定卿風俗通曰少正卯魯之聞人其後氏焉）

十二月鮮卑及濊貊寇幽幷二州

二年春正月丁丑大赦天下三月乙巳尊愼園董貴人爲孝仁皇后（續漢志曰置永樂宮儀如桓帝尊匽貴人之禮）夏四月癸巳大風雨雹詔公卿已下各上封事五月太尉聞人襲罷司空許栩免六月司徒劉寵爲太尉太常許訓爲司徒（訓字季師平輿人）太僕長沙劉囂爲司空（囂字重盈）秋七月破羌將軍段熲大破先零羌於射虎塞外谷東羌悉平九月江夏蠻叛州郡討平之丹陽山越賊圍太守陳夤夤擊破之冬十月丁亥中常侍侯覽諷有司奏前司空虞放太僕杜密長樂少府李膺司隸校尉朱

瑀潁川太守巴肅沛相荀翌河內太守魏朗山陽太守翟超皆爲鉤黨下獄鉤謂相牽引也事見劉淑李膺傳死者百餘人妻子徙邊諸附從者錮及五屬五屬謂五服內親也制詔州郡大舉鉤黨於是天下豪傑及儒學行義者一切結爲黨人續漢志曰建寧中京都長者皆以葦方笥爲裝具時有識者竊言葦笥郡國讞篋也後黨人禁錮會赦有疑者皆讞廷尉人名悉入方笥中庚子晦日有食之十一月太尉劉寵免太僕郭禧爲太尉字公房扶溝人也禧音僖鮮卑寇幷州是歲長樂太僕曹節爲車騎將軍百餘日罷

三年春正月河內人婦食夫河南人夫食婦三月丙寅晦日有食之夏四月太尉郭禧罷太中大夫聞人襲爲太尉秋七月司空劉囂罷八月大鴻臚喬玄爲司空九月執金吾董寵下獄死冬濟南賊起攻東平陵東平陵縣名屬濟南國故城在今濟州東鬱林烏滸民相率內屬烏滸南方夷號也廣州記曰其俗食人以鼻飲水口中進噉如故

四年春正月甲子帝加元服大赦天下賜公卿已下各有差唯黨

人不赦二月癸卯地震海水溢河水清三月辛酉朔日有食之太尉聞人襲免太僕李咸爲太尉（字元卓汝南西平人）詔公卿至六百石各上封事大疫使中謁者巡行致醫藥司徒許訓免司空橋玄爲司徒夏四月太常來豔爲司空（豔字季德南陽新野人）五月河東地裂雨雹山水暴出秋七月司空來豔免癸丑立貴人宋氏爲皇后（執金吾宋酆女前年入掖庭爲貴人）司徒橋玄免太常宗俱爲司空（俱字伯儷南陽安眾人）前司空許栩爲司徒冬鮮卑寇并州

熹平元年春三月壬戌太傅胡廣薨夏五月己巳大赦天下改元熹平長樂太僕侯覽有罪自殺六月京師雨水癸巳皇太后竇氏崩秋七月甲寅葬桓思皇后宦官諷司隸校尉段熲捕繫太學諸生千餘人（時有人書朱雀闕云天下大亂公卿皆尸祿故捕之事見宦者傳）冬十月勃海王悝被誣謀反丁亥悝及妻子皆自殺十一月會稽人許生自稱越王寇郡縣（東觀記曰會稽

許昭聚衆自稱大將軍立父生爲越王攻破郡縣遣揚州刺史臧旻丹陽太守陳夤討破之十二月司徒許栩罷大鴻臚袁隗爲司徒鮮卑寇幷州是歲甘陵王恢薨

二年春正月大疫使使者巡行致醫藥丁丑司空宗俱薨二月壬午大赦天下以光祿勳楊賜爲司空三月太尉李咸免夏五月以司隸校尉段熲爲太尉沛相師遷坐誣罔國王下獄死國王陳愍王寵也臣賢案陳敬王傳云國相師遷又東觀記云陳行相師遷奏沛相魏愔前爲陳相與陳王寵交通明魏愔爲沛相此言師遷爲沛相蓋誤也六月北海地震東萊北海海水溢續漢志曰時出大魚二枚各長八九丈高二丈餘秋七月司空楊賜免太常潁川唐珍爲司空冬十二月日南徼外國重譯貢獻太尉段熲罷鮮卑寇幽幷二州癸酉晦日有食之

三年春正月夫餘國遣使貢獻二月己巳大赦天下太常陳耽爲太尉耽字漢公東海人也三月中山王暢薨無子國除夏六月封河間王利子

康爲濟南王奉孝仁皇祀秋洛水溢冬十月癸丑令天下繫囚罪未決入縑贖十一月揚州刺史臧旻率丹陽太守陳夤大破許生於會稽斬之任城王博薨十二月鮮卑寇北地北地太守夏育追擊破之鮮卑又寇并州司空唐珍罷永樂少府許訓爲司空

四年春三月詔諸儒正五經文字刻石立于太學門外封河間王建孫佗爲任城王（建桓帝弟也）夏四月郡國七大水五月丁卯大赦天下延陵園災（成帝陵也在今咸陽縣西）遣使者持節告祠延陵鮮卑寇幽州六月弘農三輔螟遣守宮令之鹽監穿渠爲民興利（前漢地理志及續漢郡國志並無鹽今蒲州安邑縣西南有鹽城監也）令郡國遇災者減田租之半其傷害什四已上勿收責冬十月丁巳令天下繫囚罪未決入縑贖拜沖帝母虞美人爲憲園貴人（順帝虞美人也憲園在洛陽東北）質帝母陳夫人爲渤海孝王妃（渤海孝王鴻之夫人也）改平準爲中準（漢官儀曰平準令一人秩六百石也）使宦者爲令列於內署自是諸署悉以閹人爲丞令

五年夏四月癸亥，大赦天下。益州郡夷叛，太守李顒討平之。復崇高山名爲嵩高山。前書武帝祠中嶽，改嵩高爲崇高。東觀記曰：使中郎將堂谿典請雨，因上言改之，名爲嵩高山。大雩。使侍御史行詔獄亭部，理寃枉，原輕繫，休囚徒。五月，太尉陳耽罷，司空許訓爲太尉。閏月，永昌太守曹鸞坐訟黨人，弃市。訟謂申理之也。其言切直，帝怒，檻車送槐里獄掠殺之也。詔黨人門生故吏父兄子弟在位者，皆免官禁錮。六月壬戌，太常南陽劉逸逸字太過，安衆人。爲司空。秋九月，太尉許訓罷，光祿勳劉寬爲太尉。

冬十月壬午，御殿後槐樹自拔倒豎。司徒袁隗罷。十一月丙戌，光祿大夫楊賜爲司徒。十二月，甘陵王定薨。試太學生年六十已上百餘人，除郎中、太子舍人至王家郎、郡國文學吏。漢官儀曰：太子舍人、王家郎中並秩二百石，無員。

是歲，鮮卑寇幽州。沛國言黃龍見譙。

六年春正月辛丑，大赦天下。二月，南宮平城門及武庫東垣屋自壞。平城門，洛陽城南門也。蔡邕曰：平城門，正陽之門，與宮連，郊祀法駕所從出，門之最尊者。武庫，禁兵所藏。東垣，庫之外障。易傳曰：小人在位，厥妖城門自壞。夏四月大旱七州蝗鮮卑寇三邊（謂東西與北邊）市賈民爲宣陵孝子者數十人皆除太子舍人秋七月司空劉逸免衛尉陳球爲司空八月遣破鮮卑中郎將田晏出雲中使匈奴中郎將臧旻與南單于出鴈門護烏桓校尉夏育出高柳並伐鮮卑晏等大敗冬十月癸丑朔日有食之太尉劉寬免帝臨辟雍辛丑京師地震辛亥令天下繫囚罪未決入縑贖十一月司空陳球免十二月甲寅太常河南孟䩭爲太尉（䩭字叔達音乙六反）庚辰司徒楊賜免太常陳耽爲司空鮮卑寇遼西永安太僕王旻下獄死（永安宮之太僕也）

光和元年春正月合浦交阯烏滸蠻叛招引九眞日南民攻没郡縣太尉孟䩭罷二月辛亥朔日有食之癸丑光祿勳陳國袁滂爲司徒（滂字公熹）己未地震始置鴻都門學生（鴻都門名也於內置學時其中諸生皆勑州郡三公舉召能爲尺牘辭賦及工書鳥篆者相課試至千人焉）三月辛丑大赦天下改元光和太常常山張顥爲太尉（顥字

智明搜神記曰顥爲梁相新雨後有鵲飛翔近地令人擿之墮地化爲圓石顥命椎破得一金印文曰忠孝侯印 夏四月丙辰地震侍中寺雌雞化爲雄司空陳耽免太常來豔爲司空五月壬午有白衣人入德陽殿門亡去不獲東觀記曰白衣人言梁伯夏教我上殿與中黃門桓賢語因忽不見六月丁丑有黑氣墮所御溫德殿庭中東觀記曰墮所御溫明殿庭中如車蓋隆起奮迅五色有頭體長十餘丈形貌似龍秋七月壬子青虹見御坐玉堂後殿庭中洛陽宮殿名南宮有玉堂前後殿據楊賜傳云墮嘉德殿前八月有星孛于天市九月太尉張顥罷太常陳球爲太尉司空來豔薨冬十月屯騎校尉袁逢爲司空皇后宋氏廢后父執金吾酆下獄死丙子晦日有食之十一月太尉陳球免十二月丁巳光祿大夫橋玄爲太尉是歲鮮卑寇酒泉京師馬生人京房易傳曰諸侯相伐厥妖馬生人初開西邸賣官自關內侯虎賁羽林入錢各有差山陽公載記曰時賣官二千石二千萬四百石四百萬其以德次應選者半之或三分之一於西園立庫以貯之私令左右賣公卿公千萬卿五百萬

二年春大疫使常侍中謁者巡行致醫藥三月司徒袁滂免大鴻

臚劉郃爲司徒郃字季承乙丑太尉橋玄罷太中大夫段熲爲太尉京兆地震司空袁逢罷太常張濟爲司空濟字元江細陽人夏四月甲戌朔日有食之辛巳中常侍王甫及太尉段熲並下獄死丁酉大赦天下諸黨人禁錮小功已下皆除之時上祿長和海上言黨人錮及五族有乖典訓帝從之東平王瑞薨五月衛尉劉寬爲太尉秋七月使匈奴中郎將張修有罪下獄死時張修擅斬單于呼徵更立羌渠爲單于故坐死冬十月甲申司徒劉郃永樂少府陳球衛尉陽球步兵校尉劉納謀誅宦者事泄皆下獄死巴郡板楯蠻叛遣御史中丞蕭瑗督益州刺史討之不剋十二月光祿勳楊賜爲司徒鮮卑寇幽幷二州是歲河間王和薨洛陽女子生兒兩頭四臂京房易傳曰二首下不一也厥妖人生兩頭

三年春正月癸酉大赦天下二月公府駐駕廡自壞公府三公府也駐駕停車處也廡廊屋也音無禹反續漢志云南北四十餘間壞三月梁王元薨夏四月江夏蠻叛六月詔公卿舉

能通尚書毛詩左氏穀梁春秋各一人悉除議郎秋表是地震涌水出表是縣屬酒泉郡故城在今甘州張掖縣西北也八月令繫囚罪未決入縑贖各有差冬閏月有星孛于狼弧二星名也鮮卑寇幽并二州十二月己巳立貴人何氏爲皇后南陽宛人也車騎將軍何貢女也是歲作畢圭靈昆苑畢圭苑有二東畢圭苑周一千五百步中有魚梁臺西畢圭苑周三千三百步並在洛陽宣平門外也

四年春正月初置騄驥廄丞領受郡國調馬騄驥善馬也調謂徵發也豪右辜搉馬一匹至二百萬前書音義曰辜障也搉專也謂障餘人賣買而自取其利二月郡國上芝英草夏四月庚子大赦天下交阯刺史朱儁討交阯合浦烏滸蠻破之六月庚辰雨雹續漢書曰雹大如雞子秋七月河南言鳳皇見新城羣鳥隨之賜新城令及三老力田帛各有差九月庚寅朔日有食之太尉劉寬免衞尉許馘爲太尉閏月辛酉北宮東掖庭永巷署災永巷宮中署名也漢官儀曰令一人宦者爲之秩六百石掌宮婢侍使司徒楊賜罷冬十月太常陳耽爲司徒鮮卑寇幽并二州

是歲，帝作列肆於後宮，使諸采女販賣，更相盜竊爭鬭。帝著商估服，飲宴爲樂。又於西園弄狗，著進賢冠，帶綬。三禮圖曰：進賢冠，文官服之，前高七寸，後高三寸，長八寸。續漢志曰：靈帝寵用便嬖子弟，轉相汲引，賣關內侯直五百萬。令長强者貪如豺狼，弱者略不類物，實狗而冠也。昌邑王見狗冠方山冠，龔遂曰：王之左右皆狗而冠。又駕四驢，帝躬自操轡，驅馳周旋，京師轉相放效。續漢志曰：驢者乃服重致遠，上下山谷，野人之所用耳，何有帝王君子而駿駕之乎？天意若曰：國且大亂，賢愚倒植，凡執政者皆如驢也。

五年春正月辛未，大赦天下。二月，大疫。三月，司徒陳耽免。夏四月，旱。太常袁隗爲司徒。五月庚申，永樂宮署災。續漢志曰：德陽前殿西北入門內永樂太后宮署災。秋七月，有星孛于太微。巴郡板楯蠻詣太守曹謙降。癸酉，令繫囚罪未決入縑贖。八月，起四百尺觀於阿亭道。冬十月，太尉許馘罷，太常楊賜爲太尉。校獵上林苑，歷函谷關，遂巡狩于廣成苑。十二月，還，幸太學。

六年春正月，日南徼外國重譯貢獻。二月，復長陵縣，比豐沛。三月

辛未大赦天下夏大旱秋金城河水溢五原山岸崩始置圃囿署以宦者爲令冬東海東萊琅邪井中冰厚尺餘大有年

中平元年春二月鉅鹿人張角自稱黃天其部師有三十六萬皆著黃巾同日反叛續漢書曰三十六萬餘人安平甘陵人各執其王以應之安平王續甘陵王忠三月戊申以河南尹何進爲大將軍將兵屯都亭置八關都尉官都亭在洛陽八關謂函谷廣城伊闕大谷轘轅旋門小平津孟津也壬子大赦天下黨人還諸徙者時中常侍呂彊言於帝曰黨錮久積若與黃巾合謀悔之無救帝懼皆赦之唯張角不赦詔公卿出馬弩舉列將子孫及吏民有明戰陣之略者詣公車遣北中郎將盧植討張角左中郎將皇甫嵩右中郎將朱儁討潁川黃巾庚子南陽黃巾張曼成攻殺郡守褚貢夏四月太尉楊賜免太僕弘農鄧盛爲太尉盛字伯能司空張濟罷大司農張溫爲司空朱儁爲黃巾波才所敗侍中向栩張鈞坐言宦者下獄死時鈞上書曰今斬常侍懸其首於南郊以謝天下即兵自消也帝以章示常侍故下獄也汝南黃巾敗太守

趙謙於邵陵（邵陵縣名屬汝南郡故城在今豫州郾城縣東）廣陽黃巾殺幽州刺史郭勳及太守劉衛五月皇甫嵩朱儁復與波才等戰於長社大破之（長社今許州縣也故城在長葛縣西）六月南陽太守秦頡擊張曼成斬之交阯屯兵執刺史及合浦太守來達自稱柱天將軍遣交阯刺史賈琮討平之皇甫嵩朱儁大破汝南黃巾於西華（西華縣屬汝南郡在今陳州項城縣）詔嵩討東郡朱儁討南陽盧植破黃巾圍張角於廣宗宦官誣植抵罪（植連破張角垂當拔之小黃門左豐言於帝曰盧中郎固壘息軍以待天誅帝怒遂檻車徵植減死一等）遣中郎將董卓攻張角不剋洛陽女子生兒兩頭共身（續漢志曰上西門外女子生兒兩頭異肩共胸以爲不祥墮地弃之其後政在私門上下無別二頭之象）秋七月巴郡妖巫張修反寇郡縣（劉艾紀曰時巴郡巫人張修療病愈者雇以米五斗號爲五斗米師）河南尹徐灌下獄死八月皇甫嵩與黃巾戰於倉亭獲其帥（倉亭在東郡其帥卜巳也）乙巳詔皇甫嵩北討張角九月安平王續有罪誅國除冬十月皇甫嵩與黃巾賊戰于廣宗獲張角弟梁角先死迺戮其屍（發棺斷頭傳送馬市）以皇甫嵩爲左車騎將軍十一月皇

甫嵩又破黃巾于下曲陽斬張角弟寶湟中義從胡北宮伯玉與先零羌叛以金城人邊章韓遂爲軍帥攻殺護羌校尉伶徵金城太守陳懿伶姓也周有大夫伶州鳩癸巳朱儁拔宛城斬黃巾別帥孫夏詔減太官珍羞御食一肉廄馬非郊祭之用悉出給軍十二月己巳大赦天下改元中平是歲下邳王意薨無子國除郡國生異草備龍蛇鳥獸之形風俗通曰亦作人狀操持兵弩一一備具續漢志曰龍蛇鳥獸其狀毛羽頭目足翅皆具是歲黃巾賊起漢遂微弱

二年春正月大疫琅邪王據薨二月己酉南宮大災火半月迺滅續漢志曰時燒靈臺殿樂成殿延及北闕度道西燒嘉德和驩殿己亥廣陽門外屋自壞洛陽城西面南頭門也稅天下田畝十錢以修宮室黑山賊張牛角等十餘輩並起所在寇鈔司徒袁隗免三月廷尉崔烈爲司徒北宮伯玉等寇三輔遣左車騎將軍皇甫嵩討之不剋夏四月庚戌大風雨雹五月太尉鄧盛罷太僕河南張延爲太尉延字公威歆之子秋七月三輔螟左車騎將軍皇甫嵩免八月

巳司空張溫爲車騎將軍討北宮伯玉九月特進楊賜爲司空冬十月庚寅司空楊賜薨光祿大夫許相爲司空相字公弼平輿人許訓之子前司徒陳耽諫議大夫劉陶坐直言下獄死十一月張溫破北宮伯玉於美陽因遣盪寇將軍周慎追擊之圍榆中縣名故城在今蘭州金城縣東也又遣中郎將董卓討先零羌慎卓並不克鮮卑寇幽并二州是歲造萬金堂於西園洛陽民生兒兩頭四臂

三年春二月江夏兵趙慈反殺南陽太守秦頡庚戌大赦天下太尉張延罷車騎將軍張溫爲太尉中常侍趙忠爲車騎將軍復修玉堂殿鑄銅人四黃鍾四其音中黃鍾也子爲黃鍾及天祿蝦蟆又鑄四出文錢天祿獸也時使掖廷令畢嵐鑄銅人列於蒼龍玄武闕外鍾懸於玉堂及雲臺殿前天祿蝦蟆吐水於平門外事具宦者傳案今鄧州南陽縣北有宗資碑旁有兩石獸鐫其膊一曰天祿一曰辟邪據此即天祿辟邪並獸名也漢有天祿閣亦因獸以立名五月壬辰晦日有食之六月荆州刺史王敏討趙慈斬之車騎將軍趙忠罷秋八月懷陵上有雀萬數悲鳴因鬭

相殺（懷陵冲帝陵也續漢志曰天戒若曰諸懷爵祿而尊厚者還自相害也）冬十月武陵蠻叛寇郡界郡兵討破之前太尉張延爲宦人所譖下獄死十二月鮮卑寇幽幷二州四年春正月己卯大赦天下二月滎陽賊殺中牟令（中牟今鄭州縣劉艾紀曰令落皓及主簿潘業臨陣不顧皆被害）己亥南宮內殿罘罳自壞（前書音義曰罘罳連闕曲閣也音浮思）三月河南尹何苗討滎陽賊破之拜苗爲車騎將軍夏四月涼州刺史耿鄙討金城賊韓遂鄙兵大敗遂寇漢陽漢陽太守傅燮戰沒扶風人馬騰漢陽人王國並叛寇三輔太尉張溫免司徒崔烈爲太尉五月司空許相爲司徒光祿勳沛國丁宮爲司空（宮字元雄）六月洛陽民生男兩頭共身（劉艾紀曰上西門外劉倉妻生也）漁陽人張純與同郡張舉舉兵叛攻殺右北平太守劉政遼東太守楊終護烏桓校尉公綦稠等舉兵自稱天子寇幽冀二州秋九月丁酉令天下繫囚罪未決入縑贖冬十月零陵人觀鵠（觀姓鵠名）自稱平天將軍寇桂陽長沙太守孫堅擊斬之十

一月太尉崔烈罷大司農曹嵩爲太尉十二月休屠各胡叛是歲賣關內侯假金印紫綬傳世入錢五百萬

五年春正月休屠各胡寇西河殺郡守邢紀丁酉大赦天下二月有星孛于紫宮黃巾餘賊郭大等起於西河白波谷寇太原河東三月休屠各胡攻殺并州刺史張懿遂與南匈奴左部胡合殺其單于夏四月汝南葛陂黃巾攻沒郡縣（葛陂在今豫州新蔡縣西北）太尉曹嵩罷五月永樂少府樊陵爲太尉（陵字德雲胡陽人也）六月丙寅大風太尉樊陵罷益州黃巾馬相攻殺刺史郗儉自稱天子又寇巴郡殺郡守趙部益州從事賈龍擊相斬之郡國七大水秋七月射聲校尉馬日磾爲太尉八月初置西園八校尉（樂資山陽公載記曰小黃門蹇碩爲上軍校尉虎賁中郎將袁紹爲中軍校尉屯騎校尉鮑鴻爲下軍校尉議郎曹操爲典軍校尉趙融爲助軍左校尉馬方爲助軍右校尉諫議大夫夏牟爲左校尉淳于瓊爲右校尉凡八校尉皆統於蹇碩）司徒許相罷司空丁宮爲司徒光祿勳南陽劉弘爲司空（字子高安衆人）衞尉董重爲驃騎將軍

九月南單于叛與白波賊寇河東遣中郎將孟益率騎都尉公孫瓚討漁陽賊張純等冬十月壬午御殿後槐樹自拔倒豎青徐黃巾復起寇郡縣甲子帝自稱無上將軍燿兵於平樂觀平樂觀在洛陽城西十一月涼州賊王國圍陳倉右將軍皇甫嵩救之遣下軍校尉鮑鴻討葛陂黃巾巴郡板楯蠻叛遣上軍別部司馬趙瑾討平之公孫瓚與張純戰於石門大破之時烏桓反叛與賊張純等攻薊中故瓚追擊之石門山名在今營州西南是歲改刺史新置牧

六年春二月左將軍皇甫嵩大破王國於陳倉三月幽州牧劉虞購斬漁陽賊張純下軍校尉鮑鴻下獄死夏四月丙午朔日有食之太尉馬日磾免幽州牧劉虞爲太尉丙辰帝崩于南宮嘉德殿年三十四戊午皇子辯卽皇帝位年十七尊皇后曰皇太后太后臨朝大赦天下改元爲光熹封皇弟協爲渤海王後將軍袁隗爲

太傅與大將軍何進參録尚書事上軍校尉蹇碩下獄時蹇碩謀欲立渤海王協發覺五月辛巳驃騎將軍董重下獄死董重皇后之弟子也六月辛亥孝仁皇后董氏崩辛酉葬孝靈皇帝于文陵在洛陽西北三十里陵高十二丈周回三百步雨水秋七月甘陵王忠薨庚寅孝仁皇后歸葬河閒愼陵徙渤海王協爲陳留王司徒丁宮罷八月戊辰中常侍張讓段珪等殺大將軍何進於是虎賁中郎將袁術燒東西宮攻宦者庚午張讓段珪等劫少帝及陳留王幸北宮德陽殿何進部曲將吳匡與車騎將軍何苗戰於朱雀闕下苗敗斬之辛未司隸校尉袁紹勒兵收僞司隸校尉樊陵河南尹許相及諸閹人無少長皆斬之讓珪等復劫少帝陳留王走小平津小平津在今鞏縣西北續漢志曰時京師童謡曰侯非侯王非王千乘萬騎上北部案獻帝未有爵號爲段珪等所執公卿百官皆隨其後到河上乃得還尚書盧植追讓珪等斬數人其餘投河而死獻帝春秋曰河南中部掾閔貢見天子出率騎追之北到河上天子飢渴貢宰羊進之厲聲責讓等曰君以閹宦之隸刀鋸之賤越從洿泥扶侍日月賣弄國恩階賤爲貴劫迫帝王蕩覆王室假息漏刻遊魂河津自亡新以來姦臣賊子未有如君者今不速

死吾射殺汝讓等惶怖叉手再拜叩頭向天子辭曰臣等死陛下自愛遂投河而死帝與陳留王協夜步逐熒光行數里得民家露車共乘之辛未還宮大赦天下改光熹爲昭寧幷州牧董卓殺執金吾丁原司空劉弘免董卓自爲司空九月甲戌董卓廢帝爲弘農王自六月雨至于是月

論曰秦本紀說趙高譎二世指鹿爲馬史記曰趙高欲爲亂恐羣臣不聽迺先設驗持鹿獻胡亥曰馬也胡亥曰丞相誤也以問羣臣左右或言馬或言鹿者高皆陰法中之自此左右不敢言之也而趙忠張讓亦紿靈帝不得登高臨觀時宦官並起第宅擬則宮室帝常登永安候臺宦官恐望見之迺使趙忠等諫曰人君不當登高登高則百姓散離自是不敢復登臺榭見宦者傳故知亡敝者同其致矣然則靈帝之爲靈也優哉

贊曰靈帝負乘委體宦孽易曰負且乘致寇至言帝以小人而乘君子之器徵亡備兆小雅盡缺詩小雅曰小雅廢則四夷交侵中國微矣缺亦廢也麋鹿霜露遂棲宮衞史記曰伍子胥諫吳王吳王不聽子胥曰臣今見麋鹿遊於姑蘇之臺宮中生荊棘露沾衣也言帝爲政貪亂任寄不得其人尋以獻帝遷播洛陽丘墟故麋鹿棲宮衞也衞協韻音于別反

孝靈帝紀第八

後漢書八

傳古樓景印